아등바등 살지 않는 기술

DROPPING THE STRUGGLE

DROPPING THE STRUGGLE

아등바등
살지 않는 기술

로저 하우스덴 지음 권혜숙 옮김

목차 /

삶이란, 우리 모두가 알고 있듯이,

투쟁이자 갈등이다.

삶의 일부로서

인간은 그 자체가 갈등의 상징이다.

인류가 이를 인정하고 받아들인다면,

갈등 속에서도 평화를 찾아 누릴 수 있을 것이다.

그러나 그 경지에 이르려면

인류는 포용의 원칙을 배워야 한다.

그것은 무조건적인 항복,

바로 사랑이다.

-헨리 밀러

헨리 밀러의 말은 분명히 옳습니다. 우리 대부분이 경험했듯이 인생이란 대개 도전과 갈등으로 이루어져 있지요.

우리의 삶은 어머니의 자궁에서 나오기 위한 몸부림으로 시작됩니다. 그 몸부림은 아주 머나먼 여정의 시작에 불과합니다.

우리는 때때로 우리 앞에 놓여 있는 역경, 고난과 싸우고 있는 것처럼 느낄 때가 있습니다. 그래서 어쩌면 이 책의 제목 <아등바등 살지 않는 기술>가 일찌감치 패배를 인정하고 삶을 포기하라는 말 아니냐고 오해할지도 모르겠습니다.

그러나 헨리 밀러의 생각은 다릅니다. 밀러는 포기가 아니라 '사랑'이라는 무조건적인 항복을 말합니다.

당신이 손에 쥐고 있는 이 책 역시 당신을 인생으로부터 도피하라고 말하지 않습니다. 반대로 삶속으로 더 깊숙이 들어갈 수 있도록 안내합니다.

헨리 밀러가 말한 '항복'은 니체의 아모르 파티(amor fati·運命愛)라는 개념과 비슷합니다. '운명을 사랑하라'는 뜻의 이 말은 당신의 상황이 어떻든 당신의 삶을 있는 그대로 인정하고 받아들이라는 의미입니다. 당신의 운명이 절대 바뀔 수 없다는 말이 아닙니다. 니체도 물론 그런 뜻으로 말한 게 아닙니다.

니체는 지금 이 순간, 바로 이 순간이 당신의 운명이라고 말합니다. 당신의 삶은 순간순간마다 이전보다 더 현명하고 더 창의적으로 행동할 수 있게 기회의 손을 내밀고 있기 때문입니다.

그래서 니체는 운명을 감수하는 데 그치는 게 아니라 운명을 사랑하는 것이야말로 인간의 위대함을 보여 주는 것이라고 생각했습니다.

어떻게 하면 삶을 있는 그대로 사랑할 수 있을까요? 어떻게 하면 매일매일 오늘의 삶을 일상적으로 온전히 받아들일 수 있을까요? 이 책이 당신에게 던지고자 하는 질문이 바로 이것입니다.

저는 여러분이 자기 자신과 싸우는 것을 멈추고, 있는 그대로의 당신이 아닌 다른 그 무언가가 되기 위해 애쓰는 것을 그만둘 때, 비로소 당신의 삶을 제대로 인식할 수 있으리라 생각합니다. 당신이 한순간만이라도 그럴 수 있다면 말입니다.

걱정과 초조함에서 생겨나는 갖가지 생각들 사이에서 숨어 있는 여유를 찾아보십시오. 그 여유 속에서 머리와 마음을 비우고 스스로를 쉬게 하십시오. 그때가 바로 당신이 당신의 삶을 완벽하게 받아들일 수 있는 순간입니다. 그렇게 하면 깊은 깨달음이 찾아올 것이고 그때그때 필요한 적절한 행동을 이어나갈 수 있습니다.

심리학자이자 작가인 릭 핸슨이 그런 경험을 한 사람입니다. 그는 열여섯 살 때 태평양 근처에서 열린 어린이 캠프의 보조교사로 참가했습니다. 그때 당시 발버둥치는 것을 멈추는 것, 그것은 실제로 생사를 가르는 문제였습니다.

당시에는 스쿠버 전문 장비 하나 없이 스킨 다이빙을 하는 사람들이 많았습니다. 한번은 건너편에 맑은 물이 있을 거라고 판단해 해초 덤불 속으로 들어갔지요. 그런데 온통 해초로 빽빽한 해초 숲뿐이었죠. 주황색 해초의 잎은 두터웠고, 바다 속 깊은 데서부터 뻗어 올라온 덩굴은 길고 질겼지요.

릭 핸슨은 어쩌다 그 해초에 걸렸습니다. 수중 호흡기가 없었던 터라 덜컥 겁이 났습니다. 몸에 감긴 해초를 떼어내려고 허우적대면서 사투를 벌였지요. 그런데 애를 쓰면 쓸수록 해초에 더 칭칭 감기는 겁니다.

한동안을 그러고 있다가, 갑자기 명료한 깨달음을 얻게 됩니다. 그 즉시 해초와의 싸움을 그만뒀습니다. 그새 물갈퀴는 어디로 갔는지 보이지도 않았고, 스노클은 입에서 빠져 있었습니다. 다이빙 마스크는 목에 걸려 있었지요.

릭 핸슨은 해초와 싸우는 대신 천천히 몸을 위쪽으로 끌어올리면서 해초를 떼어내기 시작했습니다. 해초를 다 떼어냈을 때쯤 머리 위의 수면에 반사되는 밝은 빛이 보였고, 마침내 고개를 물 밖으로 빼내어 소중한 공기를 마실 수 있었습니다.

핸슨은 "명료한 깨달음이 찾아왔다"고 말했습니다. 그런 명료함은 아등바등하는 마음에서는 생겨나지 않을 겁니다. 그 깨달음은 분명히, 우리를 발버둥 치게 만드는 두려움에 절대 굴하지 않는 지성 저 깊은 곳에서 나타났을 것입니다.

핸슨은 명료함을 이끌어내려고 애쓰지 않았습

니다. 그저 아등바등하는 마음 아래에 있는 차분한 지성, 그 속으로 깊숙이 들어갔을 뿐입니다. 이는 누구나 알고 있는 비밀 아닙니까?

모든 순간은 핸슨이 말한 것처럼, 우리가 잔잔한 확신을 얻을 수 있는 기회입니다. 물론 모든 순간이 그 반대로 바뀌기도 합니다. 자신의 삶에 진정으로 순응하는 것, 자신의 삶을 포용하는 것, 그것은 우리 의지대로 이뤄질 수 있는 문제가 아니기 때문입니다.

하지만 아등바등하는 것을 멈출 때 더 깊은 지성으로 통하는 문이 열리게 됩니다. 핸슨에게도 딱 그 순간에 그런 일이 일어난 것이지요.

극지 탐험가인 벤 손더스도 이와 비슷한 경험을 했습니다. 그는 로버트 스콧(1911년 남극 정복에 도전한 영국의 해군 장교이자 탐험가)이 비극적으로 실패했던, 남극을 향한 장대한 여정을 완성한 주인공입니다.

그는 남극을 도보로 횡단하며 2888킬로미터라는 역사상 가장 긴 무동력 극지 탐험 기록을 세웠습니다. 이 거리는 마라톤을 69번 뛴 거리입니다.

손더스는 작가인 세라 루이스와 인터뷰를 하면서 "북극 탐험을 하면서 내 생존을 책임지는 건 오로지 나 하나뿐이라는 걸 깨달았다"고 말했습니다.

그러나 북극의 칼바람과 한파, 고통에 맞서지 않게 되는 과정을 설명하면서 그는 결국 "내려놓는 것보다 더 나은 방법을 떠올릴 수 없다"는 생각에 도달했다고 합니다. 그 결론은 "아주 근사한 기분이었다"고 말했습니다.

지구상에서 가장 사람이 지내기 힘든 곳을 탐험하면서 어떻게 고통을 순순히 받아들일 수 있었을까요? 고통을 오롯이 수용하는 게 어떻게 도움이 되었을까요?

 '내려놓음'의 본질을 설명하기 위해 작가인 세라 루이스는 합기도를 예로 들었습니다. 합기도는 '전략적인 무저항'을 통해 힘을 끌어냅니다. 즉 대련 상대에게 맞서지 않고 저항하기를 멈추면 상대도 힘이 빠진다는 사실을 무술로 구현한 것입니다.

 예컨대 상대방이 잡아서 던지는 공격을 할 경우 그 공격을 받은 사람은 상대방의 힘을 흡수함으로써 들어오는 에너지를 조화롭게 융화시켜 변형합니다.

 이때 대련자라는 단어는 존재하지 않습니다. 그저 에너지를 주는 쪽과 에너지를 받는 쪽이 있을 뿐이지요.

 손더스의 이야기 중에 가장 눈에 띄는 대목은, 맞서지 않고 내려놓는 것을 "아주 근사한 기분"

이라고 표현했다는 점입니다. 그는 반경 수백 킬로미터 안에는 아무도 없는 외떨어진 곳에서 속수무책인 채 목숨이 위태로운 상황에 놓여 있었습니다. 이보다 더 두려울 수는 없는 상황이었을 겁니다.

남아 있는 혼신의 힘을 다해 고개를 낮추고 바람 속으로 계속 나아가는 것보다 더 나은 방책이 그에게는 없었을 겁니다. 그럼에도 그의 마음속 어딘가에서는 내려놓아야 한다는 것을, 자신이 처한 상황에서 모든 저항을 놓아 버려야 한다는 것을 알고 있었던 겁니다. 맞서는 것을 멈추는 것, 그 자체가 아주 근사한 기분이었던 것입니다.

핸슨이나 손더스가 내 자신의 운명을 사랑하겠다, 내가 처한 어려움에 대항하지 않겠다, 고 결심했던 것은 아니었습니다.

사실 '놓아 버리기'는 인간의 의식 속에 입력되어 있지 않은 메뉴입니다. 때문에 노력하지

니체는 바로 이 순간,
지금이 당신의 운명이라고 말합니다.

당신의 삶은 매순간 순간마다
당신이 이전보다 더 현명하고
더 창의적으로 행동할 수 있게
기회의 손을 내밀고 있기 때문이지요.

않으려고 노력하는 것은 불가능한 일입니다. 그러나 노력하지 않고 내버려 둘 수는 있겠지요.

의식적인 노력을 하지 않고 뒤로 물러나면, 세계 곳곳의 영적인 전통에서 인정하는 '순수한 개방'의 상태에 들어갈 수 있습니다. 어떤 사람들은 이 경지를 '알아차림의 공간'이라 부르고, 어떤 이는 '깨어 있는 고요'라고도 합니다.

신경과학의 관점에서 보더라도 핸슨과 손더스에게 어떤 일이 벌어졌는지 알 수 있습니다. 두 사람은 정신적·육체적으로 극단적인 상황에 처했었다는 공통점이 있지요.

캐나다 브리티시 컬럼비아 대학의 에드워드 슬링거랜드 교수는 그의 책 <노력하지 않기 위한 노력>에서 신경과학자 아르네 디트리히의 연구를 이렇게 소개합니다.

뇌의 맨 앞에 자리 잡고 있는 전전두피질은 사람들의 생각과 행동을 인도하는 인지적 통제(cognitive control)를 담당합니다.

디트리히는 격렬한 운동을 하는 동안에는 인지적 통제가 억제된다고 합니다. 과도한 육체적 활동은 몸에 엄청난 스트레스를 가져 오고, 우리 몸은 당장 쓸 필요가 없는데도 열량을 많이 소비하는 전전두피질 같은 부위의 작동을 일시적으로 차단한다는 것입니다.

슬링거랜드는 그 결과 인지적 상태가 긴장을 푼 편안한 자연 상태와 흡사해진다고 말합니다. 중국의 철학자 노자가 도교 경전인 도덕경(道德經)에서 말한 무위자연(無爲自然)에 가까운 상태이지요.

슬링거랜드의 설명은 이렇게 이어집니다.

"영원함, 현재에 충실한 삶, 평온함은 전두엽의 기능 저하와 일치한다. 전전두피질이 인간에게 주변 환경을 분석하고 구별하고 분리하는 능력을 부여하는 것을 감안하면 복잡한 감정, 예컨대 자아 혹은 자연과의 일체감도 더 쉽게 설명이 가능할지 모른다."

배우이면서 무예에 동양철학을 접목했던 무술가 이소룡은 "흐르는 물이 되라"는 유명한 말을 남겼습니다. 손더스와 핸슨이 이 충고를 알고 있었는지는 모르겠습니다만, 그들은 이소룡의 말대로 움직였습니다. 인간의 기본적인 생존본능을 정반대로 거슬렀던 것입니다.

수억 년에 걸친 진화 과정 동안 인간의 몸과 마음은 긴급 상황이 발생했을 때 주저하지 않고 싸우거나 도망칠 수 있게 적응돼 왔습니다. '투쟁 혹은 도피 반응'에 적합하도록 팽팽하게 긴장한 상태를 유지하게 되었습니다. 자기 보호를 위해서라면 최선을 다해 저항하도록 진화한 것이지요.

사실 우리는 북극의 눈보라 속을 뚫고 나아간 다든지, 몸을 휘감은 해초로부터 탈출하는 상황보다는 훨씬 덜 극적인 상황에 익숙합니다.

하지만 매일 매일 우리의 소소한 도전과 투쟁에도 똑같은 신경과학의 원리가 적용됩니다. 삶의 역경 대부분은, 특히 컴퓨터 프로그램으로 풀 수 없는 문제들의 해답은 전전두피질이 해결할 수 있는 범위에서 벗어나 있습니다.

그런 해결책들은 좀 더 무의식적인 차원에서 나타납니다. 노자라면 '더 자연스럽고 자발적인 상태'라고 했겠지요.

이런 무의식의 차원은 우리를 알아차림(awareness)이라는 보다 넓은 단계로 인도합니다. 이때 우리의 행동은 상황에 맞게 유기적으로 펼쳐집니다.

눈 덮인 불모지에서 손더스가 그랬듯 우리는 마지막 순간에 우리가 처한 상황의 진실을 인정하고, 그 진실을 두 팔 벌려 수용하게 됩니다. 곧

경을 모면하기 위한 잔꾀가 아니라 다른 방법이 없다는 것을 마침내 알게 되기 때문입니다.

몇 년 전까지만 해도 저는 남몰래 꽤 많은 시간을 삶과 씨름해 왔습니다. 일이 아무리 잘 풀려도 뭔가 잘못되고 있다는 느낌이 종종 들곤 했습니다. 제가 원하는 결과가 아니었든가, 실현될 수 없는 다른 것을 바랐든가 하는 식이었죠. 뭐라고 딱 꼬집어 말할 수는 없지만 항상 뭔가가 빠져 있다는 생각을 떨쳐낼 수 없었습니다.

그래서 나는 잃어버린 조각을 찾기 위해 갖은 노력을 기울였습니다. 삶의 의미를 찾으려고 인도와 중동 전역을 헤매고 다녔습니다.

나 자신이 보잘 것 없는 존재가 아니라 중요한 사람이라는 걸 느끼고자 노력했습니다. 나에게 영감을 주는 창의적인 일을 찾기 위해 분투했습니다.

과거와 싸우면서도 미래에 대한 걱정을 놓을

수 없는 상황에서 인간관계를 유지하기 위해 애를 썼으며, 자신을 발전시키기 위해 아등바등했습니다.

가끔은 아침에 더 자고 싶은 욕구와 싸우며 침대에서 일어나려 몸부림치기도 했지요.

네, 그렇습니다. 나는 영원히 존재할 수 없으며, 내가 주인공인 내 삶의 드라마는 줄거리를 파악하기도 전에 끝나 버린다는 사실을 애써 외면하려 했습니다.

그렇게 살면서도 저는 제가 아등바등 살고 있다는 것을 인식하지 못했습니다. 그렇게 사는 게 일반적인 것이라고 믿었습니다. 일반적이지 않다는 것을 깨닫기 힘들었기 때문에 한 번도 제 삶을 '몸부림'이라고 생각조차 하지 못했습니다. 내가 내 삶을 쓸데없이 어렵게 만들고 있다는 것을 깨달을 때까지 말입니다.

내가 하루를 보내는 방식, 세상을 보는 시각을 인정하고, 나 자신을 충분히 잘 알게 되자 비로소 받아들이게 된 것입니다.

이제 그렇게 몸부림치던 시간은 거의 끝났습니다. 물론 몸부림이 간혹 되살아날 때도 있습니다.

그나마 지금은 내가 몸부림을 치고 있다는 것을 더 빨리 알아차릴 수 있게 되었고, 그 전쟁터 밖으로 나와야 한다는 것을 떠올릴 수 있게 됐습니다. 그게 늘 성공하는 것은 아니지만 말입니다.

연륜이 쌓이면서 지혜가 생겼다고 볼 수도 있겠습니다. 지금쯤은 아등바등 살지 않는 법을 깨달을 때가 된 것이지요. 아직까지 깨닫지 못했다면, 아마 평생 모르는 채로 살게 될 것이고요.

우리 모두 각자가 아등바등할 때가 있습니다. 결국 우리를 아등바등하게 만드는 상황이 존재하는 건 틀림없는 사실입니다. 개인적으로 저만 해도 아등바등해서는 결코 이룰 수 없는 것을 얻기 위해 엄청나게 많은 시간을 발버둥 치며 보냈습니다.

그러나 아등바등하고 발버둥 치는 것은 노력하는 것과는 다릅니다. 노력을 불교에서는 '정정진(正精進)'이라고 하는데, 바르게 나아간다는 의미가 있습니다. 이처럼 우리는 삶의 모든 영역에서 노력해야 합니다. 노력을 통해 하고자 했던 것을 이룰 수 있고, 진실이라고 하는 것을 향해 조금씩 다가갈 수 있습니다.

음식과 집은 모든 사람이 태어나면서부터 당연히 갖게 되는 권리가 아닙니다. 테니스 챔피언인 로저 페더러가 노력 없이 그 자리에 오를 수는 없었을 겁니다. 당신이 나와 비슷한 사람이라면 노력하지 않고 대학에 합격할 수 없었을 겁니다. 노력은 의지를 가지고 특정한 목표를 향해 자연스럽게 전력을 다하는 것입니다.

반면 아등바등한다는 것은 두려움에서 생겨난 추진력이 더해진 상황을 말하는 것입니다. 살아남지 못할지도 모른다는 공포, 흔적 없이 사라질지 모른다는 두려움 말입니다. 그 두려움은 육체뿐만 아니라 정신적 자아를 잃어버리는 것도 포함합니다.

물론 발버둥을 치면 자아의 정체성은 강화됩니다. 발버둥을 치는 것은 자아가 자신의 존재를 드러내는 여러 방식 중 하나이니까요.

그러나 발버둥 친다고 원하는 것을 얻을 수 있는 건 아닙니다. 사랑, 영혼, 삶을 가치 있게 만들어 주는 의미, 과거나 미래에 대한 불안으로부터의 자유, 단점까지 아우르는 자신을 향한 자족감, 영원히 살 수 없다는 사실을 받아들이는 것…. 이런 것들은 자아의 영역 밖에 있는 문제이기 때문입니다.

이런 것들을 얻으려면 다른 방법이 필요합니다. 그 방법은 내려놓기로 시작해 내려놓기로 끝납니다. 삶에 대한 저항을 놓아 버리는 것입니다.

우리는 자아 정체성만으로는 정의할 수 없는 우리의 본질과 접점을 잃어버릴 때 현실과 싸우게 됩니다. 자아보다 더 큰 존재는 무엇입니까? 바로 당신입니다.

이 책은 더 큰 존재이며 쉽게 정의할 수 없는 당신에게 바치는 책입니다. 당신이 있는 그대로의, 지금의 삶으로 돌아가 쉬는 것을 잊지 말라고 귀띔하려는 책입니다. 굳이 귀띔한다는 표현을 쓴 이유는, 당신의 깊은 곳 어딘가에서 이미 그래야 한다는 것을 알고 있기 때문입니다.

실제로 그렇게 하는 건 당신이 생각하는 것보다 쉽습니다. 물론 한 시간짜리 요가 수업보다 시간이 더 걸리기야 하겠지요.

있는 그대로의 삶으로 돌아가 쉬려면 '받아들임(allowing)'의 과정이 있어야 합니다. 지금 바로 자신의 인생에게 강하고 담대하게 "예스!"라고 말할 수 있어야 합니다. 그 '예스'는 세상이 주는 고통을 단순한 착각인 것처럼 몰아내지 못합니다. 초연한 깨달음을 주거나 삶의 시련으로부터 안전하게 대피하도록 도와주지도 못합니다.

받아들임은 자신의 삶이나 세상에 대해 신경 쓰지 않는다는 의미가 아닙니다. 오히려 더 신경을 쓰기 때문에 마음을 열어 놓는 것을 의미합니다. 우리가 있는 곳, 그곳이 어디든, 그곳이 얼마나 어둡건 밝건 간에 기꺼이 충실하게 임하는 것을 의미합니다.

"예스!"라고 말할 때 우리는 매순간 삶을 두 팔 벌려 포용하게 됩니다. 자아가 지배하는 범위 바깥, 우리가 이미 살고 있는 더 큰 삶 뒤로 물러나게 됩니다. 이것이야말로 진정한 휴식이며 우리가 여기 있는 이유입니다. 그리고 이 책이 필요한 이유이기도 합니다.

이 책은 아등바등하는 것을 멈출 수 있는 7가지 방법을 통해 당신이 있는 그대로의 당신의 삶을 사랑할 수 있도록 도와줄 것입니다.

: 지혜의 언어인 시(詩) 활용하기

제 책들을 읽은 독자라면 이 책이 시에 관한 책이 아님에도 시를 자주 인용하는 것에 놀라지 않을 겁니다.

이 책에서 시는 아등바등하는 것을 멈추고 삶이 우리에게 보여 주는 길을 어떻게 받아들여야 하는지, 포착해 설명해줍니다. 종교나 명상법은 심오한 지혜를 담고 있지만 용어와 관습이 교리나 문화에 매여 있습니다. 하지만 훌륭한 시는 문화적 국경을 넘어 보편적인 언어로 진실을 들려줍니다. 산문이 담아내지 못하는 호소력과 신중함으로 사람들의 마음을 직접적으로 두드립니다.

산문은 설명하거나 주장을 펼 때 아주 유용합니다. 반면 시는 설명하지 않습니다. 잘 짜여진 시는 누구나 이해할 수 있도록 근본적이고도 진실한 방식으로 삶의 핵심을 날 것으로 담아 전달합니다.

시는 사상이나 교리가 아니라 영감의 표현입니다. 우리는 뇌의 전두엽 피질을 통해 시를 이해하지 않습니다. 시에 대해 시인 월리스 스티븐스가 "지성에 성공적으로 맞서야 한다"고 말한 것도 그 때문이겠지요.

위대한 시에 담긴 진실을 꿰뚫어보는 것은 동양 사상에서 말하는 알아차리는 마음(knowing heart)입니다. 삶에 대해 아등바등하는 것보다 좀 더 깊이 있는 반응을 이끌어 내는 것도 같은 마음입니다. 이 책에 시를 인용하기로 한 것도 그와 같은 이유에서입니다.

Chapter 01

특별해지려고
아등바등하지
않습니다

내가 누구인지가 중요한가요?

정의를 내리거나

나를 돋보이게 하거나

사람들 사이에 섞이기 위해

정해진 인생계획을 갖기 위해.

내가 이 거리에 평범하게 있다면

머리 위로 동이 터올 때

이리저리 날리는 낙엽과 함께

비바람 속을 걷기가

더 쉬울 거예요.

내가 유명한 사람이 아니라면

우산을 가져오지 않은 걸 자책하며

비바람에 맞서 싸우고

새 신발이 얼마나 흠뻑 젖고 있는지

혼잣말하기가

더 쉬울 거예요.

내가 대단한 사람이 될 필요가 없다면

뭔가에 집착하거나

지키려고 하지 않을 거예요.

예전엔 무서웠죠.

아무것도 아닌 사람이 될 순 없어!

보잘 것 없는 사람이 될 순 없어!

하지만 지금은

대단한 사람보다

보잘 것 없는 사람이 되겠어요,

언제라도.

비바람이 끝나면

나뭇잎들은 제자리를 잡거나

떨어져야 할 곳으로 떨어지겠죠.

아침이면

도르르 갈색으로 잎을 말고

우리를 맞겠지요.

등굣길과 출근길에

신의 은총이 방울방울

동료가 묻네요.

어이, 뭐 좋은 일 있어?

난 대답하죠.

모든 게 다.

-태미 헤나, <놓아 버려요>

태미 해나는 제 온라인 작문 강의를 듣는, 런던에 사는 교사입니다. 태미가 지은 이 시는, 깊은 통찰력은 누구나 언제 어디서나 얻을 수 있다는 것을 다시 일깨워 줍니다.

아등바등 사는 것을 멈추고 자유를 누리기 위해 우리가 잘라루딘 루미처럼 13세기 이슬람의 대표 시인이 되거나 영적인 지도자 혹은 북극 탐험가가 될 필요는 없습니다.

태미는 집에서 학교까지 런던 거리를 걸어가며 그 사실을 알아챈 겁니다. 저처럼 이란 국가정보원 직원들에게 심문을 받는 일을 겪지 않고서도 얼마든지 가능하다는 말입니다.

무슨 말이냐고요? 저는 2009년에 문화와 인류에 관한 책을 쓰기 위해 취재차 이란에 있었습니다. 2개월간의 체류를 끝내고 출국하기 위해 공항에 있었는데, 다짜고짜 이란 국가정보원 직원들이 저를 붙잡았습니다. 스파이 혐의가 있다며 저를 수도인 테헤란으로 다시 끌고 와 이틀 동안 심문했습니다. 이러다 다시는 집으로 돌아가지 못하는 건 아닌가 싶더군요.

고등교육을 받았고 영어를 모국어로 쓰는 백인 남자로서, 저는 어느 정도 특권을 누리며 살아왔습니다. 은연중에 '특별 패스' 같은 걸 가지고 있는 듯한 기운을 풍기면서 말이죠.

제 개인적인 생각이지만, 백인 남성이라면 약간은 집단 유전처럼 이와 비슷한 생각을 가지고 있을 겁니다. 특히 영국 남자들은 대영제국 이래 수백 년 동안 특권의식을 갖고 세계를 활개치며 다녔습니다.

그런 태도를 가질 만한 이유가 오래 전에 없어졌고, 애초에 그럴 만한 타당한 이유가 없었음에도, 뭔가 자신들은 특별하다는 우월감이 여러 세대를 거쳐 계속 이어져 왔었습니다. 이런 생각은 문화적 신념에서 나오는 것이어서 아주 느리게 바뀝니다. 그래선지 저 역시 누구 못지않게 자신감으로 가득 차 있었습니다.

이란 정부 눈에는 그런 제 모습이 곱게 보이지 않았을 겁니다. 이란에서 반체제 예술가, 개혁주의 정치가 등등, 그들 입장에서는 온통 거슬리는 사람들만 만나고 다녔으니까요. 관광객이라면 결코 찾아가지 않았을 쿠르디스탄으로 가서 수피교 지도자들도 만났습니다.

저를 심문한 사람은 제 이메일 계정을 해킹하고 있었고 모든 통화를 도청해서 그 내용을 전부 알고 있었습니다. 제가 관광객이 아니라 책을 쓰고 있다는 것도 알고 있었습니다.

이란에 머무는 동안 몇몇 친절한 이란 친구들 소개로 운 좋게도 영국 대사가 주최한 크리스마스 만찬에 초대받은 일이 있었습니다.

스위스 대사 직무 대행은 당시 이란과 외교관계를 끊은 미국을 대신해 이란에서의 미국 관련 업무를 책임지고 있었는데, 출국 전날 대사관에서 저를 위한 파티를 열어 주기도 했습니다. 게다가 안전을 위해서라며 외교관용 대사관 차량을 타고 가라고 내 주기도 했습니다. 마치 행운의 여신이 미소를 보내고 있다는 생각이 들만큼 이란에서의 생활은 순조로운 나날이었습니다.

공항에서 요원들에게 제지당하기 전까지는 나라에서 나라로, 이 환경에서 저 환경으로 옮겨

다니는 것은 늘 단순한 일이었습니다. 그러나 자유를 빼앗기는 순간, 비로소 이전의 단순했던 일들이 감사해야 할 일이라는 걸 깨닫게 되었습니다.

저를 취조하던 요원들은 건장한 체격에 헐렁한 검은색 양복을 입고 있었는데 두 명 다 똑같은 질문을 반복했습니다. 누가 당신을 이란으로 보냈느냐, 당신은 누구 지시를 받고 있느냐, 왜 공항에 외교차량을 타고 왔느냐, 쿠르디스탄에서는 뭘 했느냐….

이틀이 지나서야 마침내 질문 공세가 멈췄습니다. 그러더니 요원 중 한 명이 위협하듯 자신의 손가락 마디를 꺾으며 뚜드득 소리를 냈습니다.

다른 한 요원은 제 영국 여권을 들고서 "이거 보여? 이 여권은 아무짝에도 쓸모없어! 네가 오늘 사라져도 아무도 모른다는 거 몰라?"라고 협박했습니다. 이들의 의도는 너무 명백했습니다.

그 요원은 제 여권을 휴지통에 던졌습니다. 백인 남성의 특별 패스도 휴지통에 함께 들어간 셈이죠.

"에빈 교도소라고 들어봤나?"

물론 들어 봤습니다. 마음에 드는 내용은 아니었지요.

여권을 버린 요원이 저를 노려보며 다시 말했습니다.

"당신 운 좋은 줄 알아. 나랑 같이 당신을 취조한 사람이 내 상사인데, 당신한테 선택권을 줄 거야. 에빈 교도소에서 최소한 5년을 썩든지, 아니면 우리 정보원이 되어 이란에 있는 외국 NGO들의 활동을 보고하든지, 맘대로 하란 말이야."

저는 정보원이 되겠다고 했습니다. 그러자 그 요원은 제게 자신의 상사와 나란히 서서 웃으며 악수를 하라고 하더니 사진을 찍었습니다.

"앞으로 일을 제대로 하지 않으면 이 사진이

두고두고 문제가 될 거야."

두 사람은 5분 후에 돌아오겠다며 함께 방을 떠났습니다. 저는 발코니로 가서 발밑에 펼쳐진 테헤란의 야경을 내려다보았습니다. 방은 14층이었고, 시간은 한밤중이었습니다.

제 인생은 전환점을 맞고 있었습니다. 그 상황을 빠져나갈 방법이 없었습니다. 정의와 평등을 기본 가치로 존중하는 자유 민주주의 국가에서 자랐기에, 이런 위협을 당하리라고는 꿈에도 생각하지 못했습니다. 그래서 태평하게 이란행 비행기를 탔던 것이겠지요. 제가 가지고 다니던 두 개의 여권을 발행해준 영국과 미국을 '악의 축'이라고 규정한 나라였는데 말입니다.

저는 이란에서 핍박을 받던 사람들과 전혀 다를 바 없었습니다. 예컨대 에빈 교도소에 수감돼 있는 언론인들, 이란-이라크 국경 지대에서 무심코 길을 잃었다가 붙잡힌 버클리대 학생들,

분명한 이유 없이 자유를 박탈당한 각국에서 온 수천 명의 사람과 마찬가지 신세였죠.

저는 그때서야, 언제 어디서든 모든 것을 빼앗길 수도 있다는 것을 느꼈습니다. 제 자신을 특별한 사람이라고 여겼던 자부심은 온데간데없이 사라졌습니다. 테헤란 시내에 높게 솟아 있던 그 건물 그 방에서 모든 게 무너져 내렸습니다.

저는 무력했습니다. 그러나 이전에는 몰랐던 겸허함과 진지함을 느끼게 되었습니다. 제 안에 있던 무언가가 손을 놓아 버린 기분이었습니다. 걱정하는 것을 포기하고, 어떤 결과가 나올지 미리 초조해 하는 것을 포기하고, 모든 것을 포기해 버렸습니다.

그리고 기다렸습니다. 10분이 지나고 30분이 지났습니다. 발밑에 펼쳐진 도심의 불빛에 의지해 창밖을 바라봤습니다. 어쩌면 이 도시 어딘가에서 몇 년을 붙잡혀 살아야 할지도 모른다, 내 인생은 여기까지였나, 여기서 내 삶이 끝날

내 의지로 할 수 있는 게
아무것도 없을 때
나는 깨달았습니다.
어떤 일이 생기든 '나는 나'라는 것을.
나는 전혀 특별할 것 없고,
대단한 사람이 아니라는 것을.

지도 모른다는 생각이 꼬리에 꼬리를 물었습니다. 그렇게 한 시간이 지나는 동안 저는 세 가지 사실을 깨닫게 되었습니다.

첫째, 저는 제가 소중히 여기는, 사랑하는 사람들과 맺어온 촘촘한 인간관계망 속의 일부였지만 동시에 완전히 혼자였다는 사실입니다.

누구나 죽을 때 그러하듯이 실존적으로, 또 본질적으로 혼자였습니다. 암 선고를 받거나 자동차 사고에서 살아남을 때도 아마 그럴 겁니다. 아무도 테헤란에서 벌어진 그 사건의 경험을 저와 함께 나누지 못했습니다. 그 누구도 제가 어디에 있는지조차 몰랐으니까요.

두 번째로 확실히 깨닫게 된 것은 그동안 제 자신을 설명해왔던, 제 정체성이라고 여겼던 것들이 저의 신경세포들이 만들어 낸 허상에 불과했다는 사실입니다. '여행가이자 작가이며 시애호가인 나'는 일시적인 존재였고, 제 기억들 역시 바뀌기 쉬운 것이었습니다.

테헤란의 그 방에서 평상시의 제 모든 기준들은 사라져 버렸습니다. 당시의 상황에서 제가 그동안 살아온 이야기는 무의미했습니다.

그럼에도 불구하고 제 오래된 정체성이 사라졌을 때 희한한 경험을 했습니다. 그동안 입고 있는 줄도 몰랐던 꽉 죄는 옷을 벗어버린 것처럼 갑작스레 자유를 맛보았습니다. 무의식 속에서 제 자신이 평소의 제약과 구속으로부터 풀려났다는 느낌이었습니다.

저는 그때서야 루미가 그의 시 <집으로 돌아갈 시간>에서, 옷을 입지 않고도 다닐 수 있다고 했던 구절을 이해할 수 있었습니다.

풀밭은 소들에게 남겨주고 갑시다.
모든 이들이 진정으로 가고자 했던 곳,

옷을 걸치지 않고도 다닐 수 있는 곳으로.

　예전에는 '외롭다'와 '외롭지 않다', '자유롭다'와 '자유롭지 않다', '영국인'과 '미국인' 같은 단어조차 제 자신의 정체성을 표현하지 못할 때는 무의미하게 느껴졌습니다. 그러나 이렇게 무방비로 노출된 상태에서 앞으로 인생이 어떻게 될지 전혀 모르는 채 있다 보니, 뭔가 굉장히 중요한 것이 제 안에서 끊임없이 두근대고 고동치고 있었습니다. '이게 바로 나야!'라고 하면서.

　제 의지로 할 수 있는 게 아무것도 없을 때 저는 깨달았습니다. 어떤 일이 생기든 '나는 나'라는 것을. 나는 전혀 특별할 것 없고, 대단한 사람이 아니라는 것을.

　테헤란의 그 방에서 겪은 이 느낌은 제가 이제까지 느껴왔던 것 중 가장 큰 자유였습니다. 이

기분은 내 집처럼 편안했습니다. 아무런 장벽이 없는 편안함이었습니다.

내가 살든지 죽든지, 그 어떤 일이 생기든지, 나는 나였던 것입니다. 저는 아주 명명백백하게 느낄 수 있었습니다. 그 어떤 것도 생각을 거친 것이 아니었습니다. 언어로 표현할 수 있는 것을 뛰어넘어 순수한 감각으로 알게 되었습니다. 흥분 속에서가 아니라 깊고 명징한 평화 속에서 저는 아주 강렬하게 살아있음을 느꼈습니다.

그리고 다시 궁금증이 생겼습니다. 내 인생의 다음 장에는 어떤 이야기가 쓰여질까? 삶이 끝나기 전까지 이야기는 끝나지 않지요. 이제 저는 본능적으로 확신할 수 있었습니다. 어떤 이야기가 펼쳐지더라도 내가 누구인지를 본질적으로 규정할 수는 없다는 것을 말입니다.

물론 제가 더 좋아할 이야기는 있었습니다. 저

는 진심으로 자유를 원했습니다. 하지만 다음에 어떤 일이 일어나든 차분하고 진지하게 객관성 또한 유지할 수 있었습니다. 아직 전개되지 않은 이야기는 제가 생각했던 이야기가 아닐 수도 있었습니다. 뭐라고 설명할 수는 없지만, 설령 그렇더라도 그 나름대로 괜찮을 것이라고 생각했습니다. 무슨 사건이 일어난다 해도 나는 계속 존재할 것이니까요.

그런 생각을 하고 있는데 갑자기 방문이 열렸고, 헐렁한 양복을 입은 요원들이 들어왔습니다. "이제 공항으로 갑시다. 당신은 두바이로 가는 다음 비행기를 타게 될 겁니다"라고 말했습니다. 그리고 실제로 그렇게 됐습니다. 여기서 확실하게 말해두지만 저는 그 후 이란 국정원을 위해 일한 적이 업습니다.

이런 경험을 이야기하는 것은 저 스스로 기분

을 좋게 만드는 방법일지 모릅니다. 이런 흔치 않은 경험은 제 자신이 뭔가 특별한 존재라는 걸 입증해주는 것처럼 느껴지기 때문입니다.

'자아'란 자신이 좋아하는 모습으로 스스로를 왜곡시키고, 그것이 진짜 모습인양 믿게 할 수 있으니까요.

오래된 유대인 이야기가 하나 있습니다. 랍비 두 명이 유대교 예배당을 걸어가던 중 청소부가 혼잣말로 중얼거리는 것을 보았습니다. 그는 이 렇게 말하고 있었습니다.

"주여, 나는 당신 눈 속의 티끌만도 못한 존재 이오니 저를 긍휼히 여기소서."

랍비 한 명이 다른 랍비를 향해 몸을 숙이며 무시하는 말투로 속삭였습니다.

"스스로 보잘 것 없다고 하는 사람 꼴 좀 보게."

랍비들은 청소부를 보고 우월감을 느꼈습니다. 자신들은 존경받는 랍비였으니까요.

그런데 청소부가 겸손함 같은 영적인 덕목에 대해 무엇을 알고 있었을까요? 좀 더 깊게 들어가서, 어떻게 청소부가 겸손함과 자아를 넘어 고결한 침묵까지 꿰뚫어 볼 수 있었을까요?

어쩌면 보잘 것 없는 사람은 랍비들 같은 사람이 아닐까요? 컴퓨터에 자신의 이름표는 붙어 있지만, 그 안에 운영체제는 없는 사람 말입니다.

진정으로 겸손해진다면 지금 말하려는, 삶의 방식으로 걸어가는 길을 찾을 수 있습니다. 자신을 여러 사람 중의 한 명으로, 그러니까 균형감각을 갖고 보면 경계가 허물어지게 돼 깊은 깨달음에 이를 수 있습니다.

우리 대부분은 성격이나 직업, 지식 등 여러 측면에서 자신보다 못하다고 생각하는 사람과 자신을 비교하면서 우월감을 느끼려 합니다. 이렇게 남과 자신을 비교하는 것은, 자아가 스스로를 공고히 하는 방법 중 하나입니다. 자신을 더 특별하게 만들거나 더 초라하게 만드는 것이지요. 그런 점에서 우월감과 열등감은 동전의 양면과 같습니다.

토마스 제퍼슨은 간결하게 한 문장으로 이렇게 말했습니다.

"당신보다 더 나은 사람은 없지만, 당신보다 못한 사람도 없다는 것을 기억하라."

건강한 자아라면 존중받거나 칭찬 듣거나, 특별대우 받는 것을 좋아합니다. 어떻게 해서든 존경받는 것도 좋겠지요. 자아도취에 빠지는 정도만 아니라면 누구나 자신이 특별하다고 느끼는 것을 좋아합니다.

하지만 칭찬, 사회적 지위, 지식을 자신과 동일시 할 때 문제가 생기기 시작합니다. 번쩍이는 이미지가 곧 자기 자신이라고 믿게 되고, 특별대우가 당연하다고 생각하기 시작할 때 문제가 발생합니다. 인정받는다는 따뜻한 감정에서 출

발했으나 다른 사람들을 무시하는 거만함으로 변질되기 때문입니다.

재능이나 기술을 갈고 닦는 것은 훌륭하고 아름다운 일입니다. 뭔가를 잘한다는 것은 흐뭇하고 기쁜 일입니다. 인류 문명은 자신의 삶과 재능을 인간 존재의 의미를 드높이는 데 바친 사람들에게 큰 빚을 지고 있습니다. 그들 덕분에 인간에 대한 기대치가 높아졌으니까요.

넬슨 만델라, 로자 파크스, 달라이 라마, 요요마, 베토벤, 톨스토이, 에밀리 디킨슨, 파블로 네루다, 마리 퀴리… 이처럼 걸출한 이들의 명단은 끝이 없습니다. 그들이야말로 진정으로 특별한 사람들이지요. 그들은 신에게서 천부적인 재능을 선물로 받았습니다. 혹시 그들이 거만하게 굴어도 용서해 줄 만합니다.

그러나 그런 뛰어난 능력을 자신만의 개인적인 것으로 받아들이지 않는 사람들도 있습니다.

더 많이 알면 알수록
자신이 얼마나 작은 존재인지 깨닫게 되고,
더 많이 자신을 갈고 닦을수록
자신이 알고 경험한 것이
얼마나 부족한지 깨닫게 됩니다.

그들은 자신의 재능 그 자체를 위해 혹은 더 큰 명분을 위해 노력했고 일생을 바쳤음에도, 자신은 창의성이나 영감의 전달자일 뿐 창의성과 영감이 자신의 것이 아니라는 것을 압니다.

이런 이들은 우리 대부분이 모르는 것을 알고 있습니다. 더 많이 알면 알수록 자신이 얼마나 작은 존재인지 깨닫게 되고, 더 많이 자신을 갈고 닦을수록 자신이 알고 경험한 것이 얼마나 부족한지 깨닫는 것입니다.

인상파 거장인 프랑스 화가 피에르 오귀스트 르누아르는 1913년 "나는 이제 막 그림 그리는 법을 배우고 있다"고 말했습니다. 80살 가까이 장수했던 그가 세상을 떠나기 6년 전에 남긴 말입니다.

겸손은 노력해서 체득할 수 있는 성질의 것이 아닙니다. 겸손은 자아가 흉내 낼 수 없는, 온 마음에서 우러나오는 진짜 성품이기 때문입니다.

자신이 다른 사람들 이상도 이하도 아닌, 별반 다를 게 없는 존재라는 것을 알고 있는 척하면서 살려고 노력할 수는 없습니다.

우리는 삶의 시련 앞에서 무릎을 꿇고 겸허해져야만 합니다. 시련은 우리에게 명령합니다. 사회적인 지위를 내려놓고 자신이 누구인지, 자신의 인생이 어떻게 전개될 것인지에 관해 생각하는 것을 놓아버리라고 말입니다.

겸손은 삶이 우리에게 어울리는 자리를 돌려줄 때 나타납니다. 진짜 자신이 누구인지 판단하지도 비난하지도 않고, 스스로를 바라볼 마음가짐과 능력을 갖췄을 때 겸손해집니다.

우리가 각자 자아가 만들어 낸 자신의 이야기를 고집하고 있는 한, 겸손을 배우는 것은 쉬운 일이 아닙니다. 만약 자신이 만들어낸 그 스토리와 우리가 똑같다면, 거창하게 포장된 것만큼 스스로 특별함을 느껴야 합니다.

하지만 우리 마음 속 깊은 곳에서는 그런 근거가 없다는 사실을 알고 있습니다. 우리가 세상을 헤쳐 나가기 위해 만들어 낸 자화상은 일시적일 뿐이라는 것을 우리 안의 무언가는 알고 있습니다. 그 자화상에는 단단한 토대가 없다는 것을 직관적으로 알 수 있기 때문입니다.

이러한 자아 정체성은 특유의 실행력을 갖고 있어서 사회적으로 성공하는 데 다소 도움이 됩니다. 물론 다른 쓸모도 있습니다. 살아가려면 우리 모두 각자의 이야기가 필요합니다. 구직 신청서를 채울 수 있게 이야기 속 누군가가 될 필요도 있지요.

운이 좋으면, 인생이 우리를 뒤흔들어대고 주머니까지 텅텅 비게 될 날이 올지 모릅니다. 혹시 당신이 선불교 수행자라면 그런 일이 일어날 가능성도 있습니다.

하루든 10년이든 하얀 벽 앞에 앉아 면벽 수행

을 하게 될 기회가 생기면, 지금까지 당신이 인생을 위해 쌓아왔던 계획 전부가 어느 한 순간에 무너져 내리고, 그 빈자리를 채우는 빛나는 침묵을 발견하는 겁니다.

어느 날 양치질을 하며 거울을 보다가 갑자기 모든 기쁨과 슬픔, 인생의 큰 풍파 한가운데 있는 고요함까지 꿰뚫어 보게 될지도 모릅니다.

주인공의 여정에는 내적으로든 외적으로든 큰 시련을 당해 뭔가를 희생해야 할 시간이 반드시 옵니다. 주인공이 되겠다는 생각을 포기하고 땅에 쓰러질지 말지는 스스로 결정해야 합니다. 해피엔딩이 될 거라는 보장도 없습니다. 그러나 거기 있는 것조차 몰랐던 새로운 문이 활짝 열릴 수도 있습니다.

내려놓기, 받아들이기, 허용하기… 이런 경험은 어떤 목표를 달성하기 위한 전략으로는 효과가 없습니다. 앞서 랍비들의 이야기가 보여주듯이, 당신이 스스로를 특별하지 않다고 생각하는 척 하는 게 불가능한 것처럼 이런 경험들은 흉내 낼 수 없습니다.

그러나 자아가 활동하도록 지켜보면서 누군가를 당신 위나 아래에 놓고 스스로와 비교하는 것이 어떤 기분인지 느껴 볼 수는 있을 겁니다. 결국 어느 날 혹은 어떤 순간에-누가 그 이유를 알겠습니까마는- 마음의 문이 열리고 당신은 바람을 타고 온 엷은 안개가 되어 다른 세상에 있게 될 것입니다.

바람을 타고 온 안개처럼 신비롭고 불가해한 것, 이것이 바로 자아가 두려워하는 것입니다. 자아는 엷은 안개가 되는 것을 원하지 않습니다. 자아는 진지한 무게감과 권위, 그리고 행동할 수 있는 힘을 느끼고자 합니다. 그것이 자아가 분투하는 이유이고, 분투는 자아에게 존재감을 부여합니다.

이런 몸부림을 없앤다면 우리의 정체성은 어떻게 될까요? 성취를 위한 고통은 정체성에서 큰 부분을 차지합니다. 그래서 포기하기가 어렵습니다.

대단한 사람이 되려는 몸부림을 멈추면 우리는 어떤 존재가 될까요? 우리는 무엇이 될까요?

테헤란의 그 방에서 제 자아가 발휘될 여지는 없었습니다. 탈출할 방법이 없었기 때문에 모든 것을 내려놓는 것 외에는 아무런 선택권이 없었습니다.

자아가 상황을 해결할 방법이 없었기 때문에 깊은 깨달음이 나타날 수 있었습니다. 나란 존재는 자아가 만들어 낸 인생 스토리로부터 완전히 독립적이라는 깨달음 말입니다. 자아는 정작 중요한 질문에는 해답을 내놓을 수 없었습니다. 유일한 해답은 놓아 버리는 것입니다.

놓아 버림으로써 우리는 강렬한 생명력 앞에

무릎 꿇게 됩니다. 강렬한 생명력은 모든 논쟁과 이유들 뒤에, 우리 모두가 알고 있다고 생각하는 것 그 뒤에 이미 존재합니다.

그리고 우리는 이미 일어나고 있는 현재의 이 순간에 굴복함으로써 자신의 무지를 분명하게 깨닫게 됩니다.

정말 필요한 것은 침착성입니다. 우리가 만들어 내고 있는 이야기에서 냉정하게 벗어나 자신을 있는 그대로 내버려 두어야 합니다. 아주 간단한 듯 하지만 불가능한 일이기도 합니다.

이 챕터의 첫머리에 소개된 태미 해나의 시를 기억하십니까? 그녀가 어느 날 런던 거리에서 깨달음을 얻은 뒤 그 시에 불어넣었던 그 메시지를 얻기 위해, 모든 사람이 이란 비밀 요원과 함께 방에 감금될 필요는 없습니다. 얼마나 다행스러운 일인지요.

Chapter 02

완벽한 삶을
살려고
아등바등하지
않습니다

나쁜 일들은 일어나기 마련이지요...

아무리 비타민을 많이 챙겨먹어도,

아무리 필라테스 운동을 많이 해도 열쇠를 잃어버리게 될 테고,

머리가 빠지고 기억력도 떨어지겠지요...

지갑을 도둑맞을 수 있고, 뚱뚱해질 수도 있겠죠.

외국 호텔 욕실에서 미끄러져 엉덩이에 금이 갈 수도 있어요.

외로워질지도 몰라요.

저 붉은 색 주스가 얼마나 달콤하고 톡 쏘는지 마셔 보세요.

남는 건 이빨 사이에서 바스락대는 자잘한 과일 씨겠지만요.

-엘렌 배스, <휴식>

가끔 아니 자주 하루
가, 일주일이, 인생이 생각했던 것과 다르게 진
행되는 것을 보게 됩니다. 그런데 언제나 좋은
쪽으로 흐르는 것은 아니지요.

우리가 옳은 일을 하려고 얼마나 노력하든, 더
나은 사람이 되려고 얼마나 애쓰든, 일터에서
집에서 친구들과 있을 때, 얼마나 준비를 철저
히 하든, 세상은 완벽하지 않으며 앞으로도 그
러지 않을 거라는 것을 기억하라고 그런 일이
일어나는 것 같습니다.

삶이 생각했던 것과 다르게 흐르는 것은 우리가 얼마나 똑똑하든, 얼마나 많은 성공을 이루었든, 내 인생을 내 마음대로 좌우할 권한이 우리에게 없다는 것을 가르쳐 줍니다. 세상일을 내 마음대로 좌우할 수 없다는 건 말할 것도 없지요.

짐작컨대 엘렌 배스가 앞의 시를 쓴 것도 이같은 진실을 경험했기 때문일 겁니다. 예상치 못한 불행은 인생이라는 옷감 속에 행운만큼이나 촘촘히 짜여져 있으니, 긴장을 풀고 살아가는 편이 나을 겁니다.

인생은 불완전합니다. 우리가 아무리 완전하게 만들어 보려고 노력해도 마찬가지입니다. 인생이 늘 우리의 기대에 부응하지는 않습니다. 하긴 우리도, 우리의 가족도, 친구들도 모두 불완전합니다. 우리도 그들도 늘 서로의 기대에 부응하지는 못하지요. 그 누구도 삶에서 벌어지는 일들을 통제하지 못하기 때문입니다.

우리가 바라는 대로, 예상한 대로 일이 풀리지 않을 때 느긋하게 긴장을 푸는 것은 쉬운 일이 아닙니다. 세상이 우리에게 가혹하다고 생각될 때, 나 자신에게 틀림없이 무슨 문제가 있다고 느껴질 때, 박복한 운명을 타고나 모든 골칫거리를 떠안고 있다는 생각이 들 때도 그렇습니다.

우리 삶을 각자의 개인적인 것으로 받아들일 때에도 마찬가지입니다. 우리 대부분은 삶을 개인적인 것이라고 생각하지만 결코 그렇지 않습니다.

우리는 그 정도로 중요한 존재가 아닙니다. 지구는 우리가 태어나기 전부터 46억년 동안 있어왔고, 우리가 사라진 뒤에도 최소한 그만큼의 세월 동안 계속 존재해 있을 겁니다.

인생은 그저 정해진 대로 흘러갈 뿐이며, 우리들 중 누구도 주어진 시간 동안 우리가 하고 있는 일을 왜 하는지 제대로 알지 못합니다.

저녁식사에 초대한 손님이 초인종을 누르는 바로 그때, 왜 하필이면 선반에서 냄비가 떨어지고 싱크대가 막히는지 아무도 모릅니다. 친구나 사랑하는 사람이 왜 우리에게 소리를 지르는지, 갑자기 우리 곁에서 사라지는지, 왜 갑자기 영원한 사랑을 맹세하는지 결코 알 수 없습니다. 그들도 그 이유를 모르는 건 마찬가지입니다.

이럴 때는 릴케의 시에 귀를 기울이는 것이 좋습니다. 릴케는 이렇게 썼습니다.

"삶이 자기 길을 가도록 그냥 맡겨 두십시오. 내 말을 믿으세요. 삶은 어떤 경우에든 옳습니다."

잭 콘필드는 이 말을 이런 이야기로 풀어냈습니다.

어느 날 태국의 존경받는 불교 지도자인 아잔 차가 아름다운 중국 찻잔을 들고 말했습니다.

"나에게 이 찻잔은 이미 깨진 것이다. 나는 언젠가 깨질 이 잔의 운명을 알고 있기에 지금 당장 이 잔을 제대로 충분히 즐길 수 있다. 그러고 나서 이 찻잔이 깨질 때, 이 찻잔은 깨진 것이다."

우리가 불확실성이라는 진리를 깨닫고 마음의 긴장을 풀 때 우리는 자유로워집니다. 깨진 찻잔 이야기는 우리가 지배와 통제라는 환상을 깰 수 있도록 도와줍니다.

우리는 아이 양육이나 사업 확장, 예술작품 창작, 부조리 바로잡기에 몰두할 때 성공의 가능성과 동시에 어느 정도의 실패의 가능성을 감안합니다. 이것이야말로 가혹한 가르침이 아닐 수 없습니다.

국제구호원인 에밀리가 일하던 코소보의 병원은 화재로 잿더미가 되었지만 그녀는 다시 일어섰습니다. 자신의 임무는 일이 되든 안 되든 다른 사람들을 돕는 것이라는 것을 알고 있었기 때문입니다.

로사는 자신이 수학 과외를 해주던 아주 똑똑한 소년이 불량배의 총격전에 휘말려 목숨을 잃자 크게 상심했습니다. 그러나 로사는 그 학생을 가르친 것을 후회하지 않고 그를 기리기 위해 다른 학생들을 가르치고 있습니다.

우리는 최고의 작품이 될 가능성이 있는 도자기를 굽다가 망칠 수도 있고, 공을 들였던 대안학교 설립 계획을 접게 될 수 있으며, 스타트업 기업을 시작했지만 파산할 수 있고, 도저히 해결할 수 없는 문제를 우리 아이가 일으킬 수도 있습니다.

만일 우리가 결과에만 초점을 맞춘다면 이런 일이 일어났을 때 헤어나기 힘든 충격을 받겠지요. 그러나 언젠가 찻잔이 부서질 거라는 것을 알고 있다면, 과정 하나하나에 최선을 다하고 우리가 할 수 있는 것을 만들어 낼 수 있습니다. 그러면서 인생이라는 더 큰 과정을 믿게 되겠지요.

우리는 삶을 위해 계획을 세우고, 관리를 하며, 대응할 수 있습니다. 그러나 완벽하게 모든 걸 통제할 수는 없습니다. 하지만 심호흡을 하면서 우리가 현재 있는 곳에서 이제 막 펼쳐지기 시작한 것들을 향해 마음을 열면 됩니다. 이것은 '움켜쥐기'에서 '놓아 버리기'로 향하는 엄청난 변화입니다.

우리 자신은 물론 우리 삶과 연결돼 있는 모든 사람과 모든 것들은 이미 깨진 컵과 같은 길을 걷고 있습니다. 우리 몸은 나날이 조금씩 스러져갑니다. 그 어떤 것도 우리가 불멸의 존재가 아니라는 사실을 떨쳐버릴 수 없습니다.

죽음은 우리의 궁극적인 한계이며, 인간에게 완벽이란 애초에 다가갈 수 없는 것이라는 결정적인 증거입니다. 머잖아 우리는 여기에 존재하지 않게 될 겁니다. 눈, 코, 입, 혀, 영혼은 모두 없어질 것이고, 당신이나 나도 없어지겠지요. 사라지고 나면 어디에 있게 될지 누가 알겠습니까.

서구의 문화는 우리가 삶을 완벽하게 장악할 수 있다고, 우리가 내리는 결정이 대개는 효과적일 거라고 환상을 심어줍니다. 실제로 인생의 주인이 되어 자기 자신과 주변 환경 모두를 끌어올리려는 노력은 아메리칸 드림의 신화를 이뤄냈습니다.

그 노력은 인상적인 학위를 따거나 사회적, 경제적 사다리를 오르는 선에서 그치는 게 아닙니다. 정신적으로 민첩해지기 위해 두뇌 게임을 연습하고, 몸을 탄탄하게 만들기 위해 체육관에서 운동을 하며, 심리적으로 엉켜 있는 부분을 풀어내려고 심리 치료사를 찾아가고, 명상을 잘하려고 애를 쓰며, 더 나은 세상을 위해 일하기도 합니다.

이 모든 노력은 가치 있는 것이고 칭찬받을 만

삶이 자기 길을 가도록
그냥 맡겨 두십시오.
내 말을 믿으세요.
삶은 어떤 경우에든 옳습니다.

합니다. 자기 인생의 주도권을 쥐고 있다는 것은 기분 좋은 일이니까요.

그러나 인생을 바꾸겠다는 계획을 세울 때 우리 자신도 모르는 사이에 문제가 생기곤 합니다. 자신이 근본적으로 뭔가 잘못되어 있다고 믿고, 확고한 투지와 집중력으로 그 부분을 고칠 수 있다는 가정 하에 목표를 세울 때 그렇게 됩니다.

완벽에 대한 환상 중 최고는 정신적인 환상입니다. 명상이나 수행을 충분히 하면 불완전함으로부터 벗어날 수 있으며, 세상에 대한 애착을 떨쳐내 깨우침에 도달할 수 있다는 환상이지요. 20세기 티베트의 대표적인 불교 지도자 쵸감 투른파는 이를 '영적 유물론(spiritual materialism)'이라 불렀습니다.

그런데 이 영적 유물론에는 한계가 있습니다. 노력하는 사람과 방해가 되지 않게 비켜나 있어야 하는 사람이 동일 인물이라는 것입니다. 애초에 버렸어야 하는 자아를 그대로 간직한 채 자아를 초월하려고 한다는 것이죠(쵸감 투른파의 '마음공부'에 따르면 '몇 가지 수련 방법을 통해 자기 중심성을 키워놓고는 스스로 높은 경지에 이르렀다고 생각하게끔 우리는 자신을 속이곤 합니다. 영적 유물론은 이러한 근본적인 왜곡을 말합니다. 마음 수련이란 자신의 미망을 불태워 버리고, 마음의 깨어 있는 상태를 그대로 드러내는 과정입니다. 지속적이고 단단해 보이는 '나'가 따로 있다는 에고 중심성이야말로 미망의 핵심이라 할 수 있습니다'라고 소개돼 있다-옮긴이)

기독교 중심의 서구 사회는 성경 속의 '원죄'라는 개념 때문에 인간은 태어날 때부터 죄가 있다는 생각에 기반을 두고 있습니다. 그래서 인간을 죄로부터 구원하기 위해 예수가 대신 죽어야만 했던 것입니다.

그 후로 줄곧 인류는 이 신앙에 대한 결과물을

수천 가지 다른 형태로 거둬 왔습니다. 인간은 본질적으로 세상과 자기 자신과 잘 맞지 않는데, 이는 인간의 잘못 때문이라는 가정이 깔려 있습니다.

그래서 인간은 당연히 스스로를 가치 있게 만들기 위해, 또 영적으로 완전하게 되기 위해 분투해야만 한다는 것입니다.

반면 다른 시각도 있습니다. 선(禪)과 도교에서는 공통적으로 우리가 이미 완벽하다고 말합니다. 우리의 흠까지도 모두 아우르는 지금 모습 그대로 말입니다.

고대 중국의 사상가인 노자와 그의 계승자인 장자는 모든 것은 이미 있어야 하는 대로 존재한다고 주장했습니다. 장자는 이렇게 썼습니다.

네 모든 가정과 추측을 놓아 버려라.

그러면 세상은 완벽하게 이치에 맞을 것이다.

우리가 자신의 결함을 인정할 수 있을 때 우리는 이 모습 이대로 완벽해집니다. 우리의 부족함이 무엇이든 간에 그것조차 우리가 누구인지를 보여주는 더 큰 그림의 일부이기 때문입니다.

그렇다고 상대방에게 감정을 터뜨리고 나서 "뭐, 난 원래 그런 사람이야. 나는 이렇게 타고났고, 꾸밈없이 이대로도 완벽해"라고 편안하게 말해도 된다는 말은 아닙니다.

노자와 그의 제자들이 말하는 완벽함이란 우리 인생에서 어떤 일이 생기든, 내부에서든 외부에서든, 그 일은 이미 벌어지고 있다는 것입니다.

일은 일어났고, 따라서 그 일은 일어나야만 했던 것입니다. 왜냐하면 방금 그 일이 벌어졌기 때문이죠. 우리의 약점조차도 완벽한 이유입니다. 좋든 싫든 간에 이미 생긴 약점이니까요.

뭔가를 의식하게 되었을 때에는 세 가지 선택지가 있습니다.

1. 닫힌 마음(closed mind): 무시해버린다.

2. 헤매는 마음(lost mind): 생각과 느낌을 동일시하고 그 생각과 느낌이 진실인 양 반응한다. 외부 조건이 바뀜에 따라 끊임없이 변하는 마음이다. 불교에서는 망념심(妄念心)이라고 한다.

3. 열린 마음(open mind): 그것이 무엇이든 편견이나 두려움 없이 경험에 비추어 생각과 느낌을 파악한다. 즉 그것이 현실에 대한 진실이 아니라 현실에 부과된 이야기임을 간파한다.

저는 저를 몇 시간 동안 끈질기게 쫓아다니며 괴롭히는 생각과 느낌에 여전히 휘둘립니다. 그러다 보면 이미 그 생각에 귀를 기울이고 있을 뿐만 아니라, 그 생각이 주장하고 설득하려는 바를 인정하고 있는 것이 아닐까 의심이 듭니다.

몇 년 전 영문학 강연에 간 적이 있습니다. 강연이 시작되자마자 활발하고 열정적인 다른 강사의 스타일에 강한 거부감을 느끼고 있는 나 자신을 발견했습니다. 그에 비해 제 학문의 폭이 좁고 불충분하다고 느꼈기 때문입니다.

저 역시 그와 비슷한 강연을 해야 할 강사로 초청받았지만 저는 제 학문적 지식이 모자라다고 느꼈습니다. 왜 나는 젊었을 때 바짝 노력해서 추가로 학위를 따놓지 않았을까?

저는 제 반감을 깨닫고 그날 아침 일찍 명상을 하면서 찾았던 여유를 떠올리려고 노력했습니다. 제가 현장에서 느꼈던 부정적 기분을 무시하고 그 대신 기분이 더 좋아지게 하는 데 도움이 될 만한 것을 시도하려고 했던 것입니다. 결과는 별로 신통치 않았습니다. 그럴 바에야 차라리 릴케의 말을 떠올리는 게 나았을 겁니다.

> 왜 인생에서 일체의 불안과 우울, 고통을 차단하려 하는가? 이런 감정이 당신 내면에서 결국 어떤 일을 일으킬지도 모르면서 말이다.

그러나 저는 그 자리에서 릴케를 기억해내지 못했습니다. 정신이 산란해진 나머지 강연을 마치고 가방까지 의자 옆에 놔두고 왔습니다. 가방 안에는 다음날 프레젠테이션 해야 할 원고가 담긴 USB 메모리가 있었는데 말입니다.

집에 도착해 주최 측 사람에게 전화를 해봤지만 이미 강연장을 떠나 앞으로 일주일 동안은 가방을 돌려받지 못한다는 얘기만 들었습니다.

그제야 저는 제 머리 속에서 벌어지는 일이 무엇이든, 그것은 언제나 저의 내면에서 벌어지는 일이라는 것을 떠올렸습니다.

제가 가졌던 혐오감은 제 자신의 부족함을 자각함으로써 촉발된 것이지, 그 강연자와는 아무 상관이 없었습니다. 그것이 바로 강사와 무관한 그 순간의 진실이었지만 당시에는 그 사실을 받아들일 수 없었습니다.

저는 강연 내내 그 생각에 골몰했습니다. 생각은 꼬리에 꼬리를 물었고, 내 목을 옥죄는 위협이 될 것 같았습니다.

가방을 두고 온 사실은 그때의 제 상태를 돌아보게 한 촉매가 되었습니다. 저는 홀로 앉아 스스로를 느껴보려 했습니다.

마음을 열고 들여다보자, 다음날 있을 두 시간짜리 프레젠테이션을 제대로 준비하지 못한 것에 대해 제 자신이 자격미달이라는 기분이 들었습니다. 제 자신이 규칙에 어긋나는 존재처럼 느껴졌고, 그 느낌은 평생 제 피를 타고 흐르던 기분에까지 이어졌습니다. 저는 아버지 없이 태어났기 때문입니다.

당시 느꼈던 감정에 대해 더 이상 이야기를 계속할 필요는 없겠지요. 제게 필요한 것은 그저 그 감정들을 느끼는 것이었습니다. 감정에 이름을 붙여 설명하는 단계를 벗어나 본능적으로 위축되었던 마음 깊숙이 들어가, 그곳에 있는 더 큰 여유와 연결해야 했습니다.

제가 처음에 저질렀던 실수이자 누구나 저지르기 쉬운 실수는, 불편한 생각들을 여유로운 생각과 차분한 감정으로 바꿔 충격을 조절하려는 시도였습니다.

이제는 그게 효과가 없다는 것을 잘 압니다. 불편함과 여유처럼 상반되는 현실들을 그대로 껴안아야 한다는 것을 알게 되었으니까요. 뭐, 간혹 그 사실을 잊어버리긴 하지만 말입니다.

상황을 헤쳐 나갈 수 있는 유일한 길은 매순간이 주는 선물을 받아들이는 것입니다. 그것이 어떤 모습으로 나타나건 말입니다. 때로 불합리하고 부족해 보이더라도 그건 그것대로 좋습니다.

영문학 강연회에서 생긴 일 역시 그렇습니다. 그 순간들은 저의 연약함과 약점을 받아들일 기회가 되었습니다. 그렇다고 연약함과 약점을 끌어안을 필요는 없습니다.

하지만 인생이라는 거대한 실체 앞에서 나의 불완전함과 무력함을 포용하지 않는다면, 다른 사람들의 결점을 평가하려는 유혹을 떨쳐내기 어렵습니다.

그나저나 그 다음날 있었던 프레젠테이션은 어땠을까요? 결과는 되레 훨씬 좋았습니다. 저만의 방식으로 더 자유롭게 진행할 수 있었기 때문입니다. USB에 있었던 원고 없이도 말입니다.

우리의 한계가 우리를 인간답게 하고, 우리 각자를 개성 있는 존재로 만듭니다. 불완전하고 한계가 있기 때문에 우리는 실수를 합니다. 아무리 조심하고 책임감 있다고 해도, 우리는 실수하게 되어 있는 존재들입니다.

잘못된 직업을 선택하고, 잘못된 짝을 고르고, 경마에서 돈을 잘 못 걸고, 팔아야 할 때 사고, 술에 취합니다. 설령 그것을 자각하더라도 경솔하게 말하고, 남의 말을 자르고, 특별대접을 요구하려고 지위를 과시합니다.

우리 마음 속에서 혹은 이 세상에서 순간순간 벌어지는 일들을 책임질 수는 없습니다. 그러나 우리가 겪는 일들을 통제하려고 애쓰는 대신에, 그 일이 좋은지 나쁜지 정신적인 것인지 저속한 것인지 판단하는 대신에, 삶은 그 순간의 현실을 받아들이기를 요구합니다. 거부하며 밀어내거나 굴복하거나 방황하지 말고, 삶의 진실 앞에 무릎 꿇고 인생을 경험하기를 요구합니다.

<행복 추구를 멈추다>의 저자이자 정신분석

가인 배리 매지드는 그의 선(禪) 수련에 대해 말하면서 영적인 세계를 추구하는 이들 사이에서도 보기 드문 귀한 통찰력을 보여줍니다.

매순간에 순응하는 것은 수행의 방식과 규율에서 필수적인 요소다. 삶에 큰 차이를 만들 수 있기 때문이다. 그러나 우리를 일정 수준까지만 인도할 뿐이다. 우리는 우리의 필요와 욕구, 연약함을 깊이 받아들이는 수행의 다음 단계로 나아가야 한다.

흔히 수행을 통해 이런 것들을 억누르고 없애야 한다고 하지만 우리는 그렇게 생각하지 않는다. 어렵고 까다로운 부분이라는 것은 분명하다. 이런 감정들이 불행의 근원이라고 배워 왔고, 그것이 사실임을 자주 봐왔기 때문이다.

실제로 너무 많은 이들이 자신의 연약함과 타인에 대한 의존, 정신적인 지지와 안도감에 대한 갈망을 없애기 위한 수단으로 명상을 이용하려 한다.

많은 수행법에서 자족과 자주성이 이상적인 것으로 받

상황을 헤쳐 나가는 유일한 길은
매순간이 주는 선물을
받아들이는 것입니다.

아들여지기도 하지만, 이런 감정들은 애착으로 간주돼 종종 묵살당하고 있다.

우리는 늘 상호의존성에 대해 듣고 있음에도 불구하고 정서적 상호의존을 말하는 경우는 드물다.

불교에서 자아 정체성이란 대개 스스로를 소중히 여기는 것에 뿌리를 두고 있다고 가르칩니다. 즉, 자신에 대해 만족감을 갖기 위해 다른 사람의 단점은 보고 자신의 결점을 못 본 체 하는 전략을 세우고, 그 전략을 강화하는 연습을 끊임없이 한다는 것입니다.

그러나 강연이 끝난 그날 밤, 제가 깨달은 것은 저에게 진정으로 필요한 것은 스스로를 소중히 하는 마음이었다는 것입니다. 다만 스스로를 소중히 여기는 마음의 형태는 좀 다릅니다.

배리 매지드가 말한 것처럼 내 자신의 취약점까지 모두 끌어안는 것을 뜻합니다. 내 약점을 합리화하거나 모호하게 말하면서 회피하려고 애쓰지 않는다는 것입니다.

그렇게 하는 방법은 정말 간단합니다. 자신에게 친절해지는 겁니다. 어떤 일이 벌어지더라도 비판 없이 기꺼이 받아들이면, 불완전하고 연약한 나에 대한 자애심(慈愛心·loving-kindness)이 더 커집니다.

그래서 엘렌 배스가 그의 시에서 '저 붉은 색 주스가 얼마나 달콤하고 톡 쏘는지 마셔 보세요'라고 했던 것입니다.

주스는 일상적으로 일어나는 불상사, 오해, 깨져버린 기대 같은 것을 가리킵니다. 삶은 달콤하면서 동시에 톡 쏘는 주스와 같습니다. 제대로 맛을 볼 경우 말입니다.

그 주스를 충분히 맛보는 것은 세상에서 가장 간단한 일이면서 가장 어려운 일이 될 수도 있으니, 참 아이러니이지요. 주스의 맛을 느낄 수 있게 잇새에 낀 순간들을 오도독 씹어버릴 만큼 침착성이 있다면, 우리 안의 딱딱한 뭔가가 비로소 누그러지게 되고 우리는 우리 자신에게로 돌아갈 수 있습니다.

칼 융은 이렇게 말했습니다.

자신의 무능함과 함께 사는 법을 배운 사람은 많은 것을 얻은 사람이다. 그 사람은 가장 작은 것의 가치와 자신의 한계를 받아들이게 될 것이다. 보다 높은 경지의 현명함이 요구하는 것들이 바로 이런 것이다...

당신 내면에 있는 영웅적 자질은, 당신이 이런저런 것은 선이며, 이런저런 것의 실행은 필요불가결하며... 이런저런 목표는 어떤 장애가 있더라도 이뤄내야 하고, 이런저런 쾌락은 어떠한 희생을 치르더라도 억눌러야 한다는 생각의 지배를 받는다는 것을 의미한다.

결과적으로 당신은 자신의 무능함을 거스르게 된다. 그러나 무능은 어디나 존재한다. 누구도 무능함을 부정해서는 안 되며, 그것을 탓하거나 윽박질러 침묵하게 해서도 안 된다.

때로는 특별한 이유 없이 내려놓기가 가능해질 때가 있습니다. 두 눈을 가렸던 장막이 사라지고, 눈을 깜빡이면 새로운 새벽을 맞이하게 되는 것처럼 말입니다.

그렇지만 이런 경우보다는 극단적으로 힘든 일을 겪은 뒤에 내려놓기가 가능해지는 일이 많습니다. 릭 핸슨과 벤 손더스처럼 생사의 갈림길에 선 경우가 그렇습니다.

일상생활에서의 고군분투를 통해 그럴 수도 있고, 신과의 연합을 간절하게 갈구했으나 절망으로 끝난 영적인 전쟁을 통해, 혹은 심리적인 갈등을 통해 그럴 수도 있습니다.

칼 융은 오랫동안 내적인 싸움을 해 왔습니다. 그는 자신의 마음을 채우고 있던 어두운 그림자의 먹이가 되는 것을 두려워했습니다. 스스로 그림자 속으로 뛰어드는 것 말고는 헤어날 길이 없다는 것을 깨닫고서야 그 갈등은 끝났습니다.

그는 그 경험을 문자 그대로 '갑자기 발아래

땅이 푹 꺼지고, 깊이를 모르는 어둠 속으로 추락하는 것과 같았다'고 표현했습니다.

칼 융은 자신을 통제하지 못할까봐 두려워했지만 기회를 잡아야 했기에 몸을 던지기로 했고, 마침내 떨어져 내렸습니다.

다시 나타났을 때 그는 비범한 창의성과 활기로 번득였고, 그것은 <레드 북(Red Book)>이라는 저서로 나타났습니다.

우리는 자신이 누구인지 온전히 이해했을 때 더 생생하게 살아있음을 느낍니다. 정신적으로 잘 포장된 이미지가 아니라 매 순간순간 나타나는, 있는 그대로의 자신 말입니다.

스스로를 마지못해 인정하는 것이 아니라 환영하듯 반기며 받아들이는 것은 자아가 아닙니다. 알아차림의 공간으로부터 시작되는 일입니다.

여유와 침묵을 느낄 수 있을 때 지나온 경험들을 반추하게 됩니다. 이 점을 알게 되면 정신적인 치료가 됩니다. 그동안 갈망해왔던 것이 실은 예전부터 쭉 같은 곳에 있었음을 깨닫기 시작할 때 비로소 치료가 이뤄집니다.

Chapter 03

의미 있게 살려고
아등바등하지
않습니다

내 안에서 갈구하는 존재에게 물었다

네가 건너고자 하는 이 강은 무엇인가?

네 영혼의 갈증을 덜어 줄 곳이 있다고 믿는가?

그 거대한 결핍 속에서 너는 아무것도 발견하지 못할 것이다.

-카비르(15세기 말 힌두교의 종교개혁가)

시인 월트 휘트먼은 "모든 사람은 그 자신의 성직자가 될 것이다"라고 했습니다. 그러나 영혼을 돌볼 자유는 쉽게 얻을 수 없습니다. 종교적, 사회적 권위에 의해 우리의 가치가 규정되는 것보다는 우리 스스로 자기 의미의 원천을 찾는 편이 낫겠지요.

내 삶의 목표와 목적에서 의미를 찾으려는 압력은 내적으로 외적으로 모두 강합니다.

현대 사회는 우리에게 중요한 사람이 되라고 강권합니다. 구체적인 성공 사례들을 쌓으라거나, 세월이 흘러도 잊혀지지 않을 만큼 유명해지라고 채근합니다. 우리 내면에 내재된 가치보다 외적인 역할과 행동에서 의미를 찾으라고 독려합니다.

물론 어떤 것이 스스로 다른 것이 되어가는 '됨(becoming)'의 과정은 인류와 우주 전체의 변화를 이끌었습니다. 모든 것은 언제나 무엇인가로 되어가고 있습니다. 존재도 언제나 '됨'을 향해 변해가고 있습니다. 우리가 살아가는 동안 삶은 스스로를 만들어 갑니다.

그러나 뭔가가 되어간다는 것이 어떤 활동, 어떤 역할과 관계가 있다는 것을 감안하면, 삶은 항상 더 의미 있고 단순해집니다. 우리의 행동이, 계획을 세우고 염려하는 자아가 아니라 한층 깊은 근원에 의해 정해질 때, 또한 인생 경험이 쌓이기 전에 특정한 역할 없이도 우리가 누구인지 진짜 목소리를 낼 때 특히 그렇습니다.

이렇게 됐을 때 삶은 흘러가게 됩니다. 사건들

이 자연스럽게 펼쳐집니다. 우리가 오랫동안 지켜온 고정된 정체성에 집착하는 주체이기보다, 존재하는 것에서 다른 것으로 변해가는 하나의 흐름이 되었기에 우리의 인생 또한 흘러갑니다.

부고를 읽다 보면 한 사람의 일생이 거의 전적으로 외적인 성취로만 설명되는 것을 봅니다. 그런 성과들이 그의 가치를 다 더한 것이고, 그의 존재 의미라는 것을 암시하는 듯합니다.

그러나 당신이 자신의 부고를 쓴다면 좀 더 내면에 집중해서 자신을 바라보게 되지 않을까요.

저는 최근에 작문을 배우는 학생들에게 자신의 부고를 써보라는 과제를 냈고, 저도 제 부고를 썼습니다. 다음은 제가 쓴 부고의 일부입니다.

그의 첫 번째 책 제목은 <영혼의 불꽃>이었다. 그가 알고 있었든 그렇지 않았든, 그의 일생을 이끈 것 역시 그 불꽃이었다. 그의 가슴에서 부드럽게 타오른 그 불꽃,

삶에 대한 열정적인 사랑은 그와 세상을 연결했고, 그 모든 불꽃과 사랑이 그 안에 있었다.

그 불꽃은 그의 생애 많은 부분에서 삶의 의미와 목적의 탐구라는 연기를 피워 올렸다. 그의 탐색은 외적인 성취 같은 관습적인 방법으로는 채워질 수 없었고, 여러 나라의 영적인 전통에서 답을 얻고자 했던 모색으로 일생 동안 이어졌다.

여러 해 동안 그는 전형적인 '구도자의 병'에 시달렸다. 성배는 언제나 그가 찾아간 곳이 아닌 다른 곳에 있었기 때문이다.

그 병은 특히 젊은 시절 그와 그의 주변 사람들에게 상당한 불안감을 안겨주었다. 그는 자신만의 궁금증과 몽상에 빠져든 나머지 첫 부인과 아들과 함께 있으면서도 자주 멍한 채로 있곤 했다.

그는 이따금씩 그를 어지럽게 만드는 마음속 어두운 구멍을 느꼈으며, 그 느낌은 가끔 무엇을 해야 할지 잊게 할 만큼 그를 무력하게 만들었다.

그는 딱 꼬집어 말할 수 없는 뭔가가 결핍돼 있다고 느끼곤 했다. 그는 자신이 의미 있는 일을 하지 못했기 때문이라고 생각했다.

'이게 전부일까? 분명 뭔가를 더 해야 해. 더 많이 도움이 돼야 해. 어떻게 해야 인생을 가장 잘 살 수 있을까?'

인생 전반부 동안 이런 질문들이 친구처럼 그를 자주 찾아왔지만, 해답과 함께 온 적은 거의 없었다. 그러나 그는 자신의 결핍이 외적 원인보다 더 깊은 곳에서 비롯된다는 것을 알았다.

그 후 수년간 그에게는 아무것도, 아무도 만족스럽지 않았다. 그중에서도 특히 그 자신이 만족스럽지 않았다. 무슨 의미인지는 정확히 몰랐지만, 자신이 삶을 충만하게 살고 있지 않다고 느꼈기 때문이었다.

그에게는 어떤 음식으로도 채울 수 없었던 허전한 마음속 큰 구멍이 있었다. 그러나 그를 괴롭혀 온 공허로부터 달아나기를 멈추고 저항하지 않으며 인정하기 시작했을 때, 그가 알지 못한 채 항상 찾아다녔던 비옥한 토지가 천천히 드러났다.

그것은 밤하늘을 올려다보는 것과 흡사했다. 다만 그는

별빛에 매혹되는 대신, 별과 모든 것의 근원인 깊이를 알 수 없는 어둠을 응시했다.

그는 차츰 모든 외적인 역할과 정체성을 떠나 존재의 고요함 속에 몸을 맡기게 되었다. 비어 있던 공허함은 유익한 공허함이 되었고, 그가 알고 있던 것 중 가장 심오한 무언의 의미가 되었다.

수년간 그는 몇몇 여성들을 사랑했고, 그들과의 관계는 내적이고도 감성적인 삶을 시작하는 토대가 되었다.

그들은 그를 부드럽게 만들었고, 그의 인간미와 연약함, 다정함을 일깨웠다. 그들에 대한 애정은 그가 '존재' 말고는 다른 이름을 붙일 수 없다고 말했던, 경계를 초월하는 또 다른 문을 열어 주었다.

삶이 끝날 무렵 그는 평범한 인간으로서 존재의 아름다움과 신의 선물에 감사하게 되었다. 삶의 깊은 의미와 가장 빛나는 순간들도 만났다. 그는 사하라 사막과 인도 전역, 중동 지역에서 겪었던 드라마틱한 경험과 특별하고 뛰어나고자 했던 열망을 모두 뒤로 했다.

그 대신 친구들과의 우정과 자연의 축복, 그리고 무엇보다도 존재의 고요함으로부터 자양분을 얻었다.

그의 책들은 삶을 통해 깨달은 아름다움, 실수하기 쉬운 인간의 본능, 인간 실존의 슬픔을 다뤘다. 아울러 항상 존재하는 신의 은총과 인생의 무지, 고난 가운데에 있는 신비를 찬양했다.

그의 최근작은 <아등바등 살지 않는 기술>이었다. 주어진 삶을 사랑하는 것, 그것이 그가 마지막까지 했던 일이다.

'의미'와 그의 사촌뻘인 '목적', 그것들과의 씨름은 제 삶의 끊임없는 모티브였습니다.

천사와 씨름하는 야곱을 그린 렘브란트의 작품을 떠올려보십시오. 성경 속 야곱은 생사여탈권을 쥐고 있는 보이지 않는 존재에게서 어떻게든 이름과 축복을 얻기 위해 악전고투합니다. 잃어버린 삶의 터전을 찾기 위해 별들마저 서서히 사라지는 새벽까지 벌인 몸부림이었습니다.

레오 톨스토이도 비슷한 투쟁으로 고통을 겪었습니다. 톨스토이만큼 무의미 때문에 괴로워한 이도 없었습니다. 그는 성공과 부, 명예가 마음속의 공허함을 채우지 못한다는 것을 보여주는 아주 훌륭한 예입니다.

작가로서 정점에 서있던 50세 때, 톨스토이는 자신이 심장마비에 빗대 '삶의 마비'라고 표현한 위기에 빠져 있다는 것을 알았습니다.

그는 스스로에게 물었습니다. 어마어마한 토지를 관리하고 아들을 교육시키는 게 무슨 소용이 있는가? 왜? 무엇 때문에? 글 쓰는 건 또 무슨 소용인가?

"내가 고골이나 푸시킨 셰익스피어 몰리에르보다, 세상의 모든 작가들보다 더 유명해진다면 어떻게 될까? 그 다음엔? 나는 그 어떤 답도 찾지 못했다."

톨스토이는 그때까지 그의 삶을 지탱했던 기반이 무너져 내리는 것을 느꼈습니다.

"내가 믿어온 것 중 더 이상 나에게 남은 건 없다. 이제까지 내 삶의 목적은 아무것도 아닌 것이 돼버렸다. 내가 살아야 할 이유를 잃어버렸다… 진실은, 삶은 아무런 의미가 없다는 것이다."

톨스토이의 어두운 밤은 결국 그로 하여금 존재의 문제에 뛰어들게 함으로써 영적인 변화에 이르는 길이 되었습니다.

그는 평화와 믿음이라는 원칙 위에 세워진 유토피아적인 커뮤니티를 만들었습니다. 여기서의 믿음은 특정 종교에 대한 신앙이 아니라, 삶의 선의를 믿는 실존적 믿음을 의미합니다.

개인적인 의미를 추구하는 행동, 즉 철학에서 말하는 '생성(becoming)' 혹은 융의 '개성화(individuation)'는 어떤 목적과 관련이 있습니다.

아이를 키우는 것이든 사업을 시작하는 것이든, 세상에서의 성취와 그것을 위한 행동은 누군가가 되어가는 여정과 연관되어 있습니다. 너의 목적을 찾으라, 그러면 너의 존재의 의미도 찾을 수 있을 것이다, 보통 그렇게 생각합니다. 마구잡이로 뒤섞인 것처럼 보이는 사건들에도 목적이 질서를 부여할 수 있기 때문입니다.

예전에 어느 워크숍에 참가했을 때의 일입니다. 자신의 존재 목적에 대해 정의를 내려 보라는 질문을 받은 적이 있습니다.

잠시 몇몇 흔한 비유가 머리를 스치고 지나갔지만 마땅한 게 떠오르지 않았습니다. 당황스러웠죠. 그리고 나서 존재의 목적을 그래프와 흐름도와는 본질적으로 다른 것으로 여기고 있다는 것을 깨달았습니다.

매순간 제가 하는 일, 혹은 하지 않는 일이 존재 목적과 별개라고 말할 수는 없습니다. 저의 활동과 세상과의 연관성이라는 측면에서 제 삶에 그래프와 흐름도 같은 패턴이 있다면, 그 패턴은 순간순간 한 단계씩 드러나는 비밀과 같다고 할 수 있습니다. 5개년 계획 같은 것의 결과물이 아니었습니다.

저의 목적은 의식적인 상태로는 접근할 수 없기에 비밀입니다. 저의 목적은 의식보다 깊은 곳에 있으면서 가끔은 향기를 뿜기도 하고 가끔은 숨기도 합니다. 다른 사람들이 만든 지도나 시스템으로는 바람에 실려 있는 우리의 향기를 감지할 가능성이 낮은 것과 같은 이치입니다. 우리의 깊은 목적은 오직 우리만 알아볼 수 있는 흔적을 남깁니다.

우리 존재의 목적은 애매한 암시의 형태로, 혹은 순수한 기쁨이나 특정 활동에 대한 호감으로 나타날지 모릅니다. 어쩌면 오랫동안 품어왔던 가치를 행동으로 옮기는 그 순간에 나타날지도 모릅니다.

지나 리 나델라가 그랬습니다. 그녀는 아프리카에 1000개의 우물을 만들겠다는 분명한 꿈을 갖고 대학을 떠났습니다. 도움이 필요한 사람들을 돕고 싶다는 마음과 기독교인으로서의 신앙이 결심을 하는 데 영향을 주었습니다.

지나의 열망은 아프리카 전역의 수백만 명에게 식수를 공급하는 '블러드 : 워터'라는 비영리 단체의 설립으로 이어졌습니다.

그녀는 세상을 바꾸겠다는 꿈으로 일을 시작했고, 직접 경험을 쌓았으며, 10년이 지난 후 결국 깨달았습니다. 자신의 진실한 목적은 세상을 바꾸는 것이 아니라 세상을 사랑하는 것이었음을 말입니다.

그 후 그녀는 성과를 내는 데 급급해 하며 일하는 경우가 줄었고, 일이 되어가는 과정을 지켜보고 받아들이며 긴장을 풀게 되었습니다.

우리는 우연한 만남을 통해 '나'라는 존재를 특별하고 진실하게 표현할, 나의 진정한 목적을 찾을지도 모릅니다. 그것은 직관의 형태로 올 수도 있고, 우연의 일치로 올 수도 있으며, 지금

당신과 똑같은 사람은 없으며,
앞으로도 없을 것입니다.
당신 앞에 펼쳐진 삶은
당신이 세상에게 주는 선물입니다.
당신 외의 다른 누구도
줄 수 없는 선물이지요.

상황과는 관계없지만 잊고 있었던 것을 생각나게 하는 갑작스러운 기억으로 다가올 수도 있습니다. 그때 어떤 방식으로 오든, 순식간에 스쳐가든, 그 순간이 의미 있게 느껴질 것입니다.

삶에서 중요해 보이던 사건이 정작 중요하지 않은 것으로 밝혀지는 것처럼, 그 순간도 사소해 보일지 모르지만 어떤 면에서는 중요할 겁니다.

그때 우리가 해야 할 일은 귀 기울여 듣는 것입니다. 바람이 전하는 목소리를 잘 듣고 캐치해내야 하는 것이죠.

서구 문화권에서는 각각의 사람에게 그만의 타고난 잠재력과 특별한 소명이 있다고 여깁니다. 개인을 수호하는 신적인 존재가 창의력을 불어넣어준다고 믿기도 했습니다. 이를 그리스에서는 다이몬(daimon), 로마에선 게니우스(genius), 기독교에서는 수호천사(guardian angel)라고 부릅니다.

존 키츠 같은 낭만파 시인들은 그런 소명이 가슴으로부터 온다고 믿었습니다. 잠재력과 소명은 당신 안에 있으며 동시에 당신 안에 있지 않습니다. 당신이라는 특별한 존재의 패턴이야 말로 당신이 풀어야 할 암호입니다. 당신이 갖고 태어난 씨앗인 잠재력과 소명은 당신의 운명을 짊어지고 있으며, 열매로 결실 맺기를 고대하고 있습니다.

당신과 똑같은 사람은 없으며, 앞으로도 없을 것입니다. 지금 당신의 삶이 어떻게 보이든 간에, 당신의 삶이 당신의 유일한 목적인 이유입니다. 당신이 하는 일이 무엇이든, 무슨 일이 생기든, 당신의 목적이 현재 시점에 표현되는 방식입니다.

그러니 주위를 둘러보세요. 당신 앞에 펼쳐진 삶은 당신이 세상에게 주는 선물입니다. 당신 외의 다른 누구도 줄 수 없는 선물이지요.

그렇다고 우리 각자의 이야기가 이미 다 쓰여져 있고, 우리의 삶이 그저 저절로 살아진다는 뜻은 아닙니다. 우리 뼛속 어딘가에 바꿀 수 없는 대본이 있다는 말이 아닙니다. 그렇게 보는 건 운명론이지요. 운명론은 모든 것이 신의 손에 달려있고, 우리가 할 일은 그저 뒤로 물러나서 무슨 일이 벌어지는지 지켜보는 것이라고 말합니다.

그러나 삶은 그렇지 않습니다. 모든 것은 마지막 순간이 올 때까지 계속 진행됩니다. 우리에게 삶은 언제나 이해할 수 없는 미스터리이지만 그럼에도 우리가 책임져야 하는 역설 속에서 살아갑니다.

'운명(fate)'이라는 단어는 고대 그리스어에서 '부분' '몫'을 의미합니다. 운명은 그저 벌어질 일의 일부에 불과한 것입니다. 운명론에서 말하듯 '전부 다'는 아니죠.

그리스인들에게 운명이란 운명론보다는, 말하자면 "별일이 다 있네. 받아들여야지 별 수 있어?" 쪽에 가깝습니다. 서로 다른 에너지가 한 곳에 모이면서 사건이 벌어지고, 운명은 그 와중에서 부분적인 역할을 할 뿐입니다.

우리 마음의 중심에서 비롯되는 개인적인 에너지도 그 중 일부분을 차지합니다. 우리가 처한 상황이나 전후관계 역시 또 다른 일부분입니다.

이런 힘들이 어느 한순간 집중되는 것을 '카오스 이론'이라고 합니다. 삶은 우리가 생각지도 못한 곳에서 왔다가 지나쳐갑니다. 우리가 책임지고 통제하는 것이 아닙니다.

운명이라는 비논리적인 원리는 런던에서의 어느 날 밤, 하늘에서 급강하하는 황혼녘의 제비처럼 브래다 호란의 삶을 덮쳤습니다.

브래다는 어릴 때 낙엽을 잘라 동화 속 요정의 옷을 만드는 것을 좋아했습니다. 그녀가 수

녀원에서 운영하는 엄격한 사립학교를 다니던 16세 때였습니다. 책상 위에 뜬금없는 팸플릿이 놓여있는 걸 보았습니다. 유명한 예술대학에서 디자인 과정의 학생을 모집한다는 안내문이었습니다. 브래다는 제게 이렇게 말했습니다.

"지금까지도 그 전단이 어떻게 내 책상에 있게 되었는지 모르겠어요. 우리 학교는 학생들을 오로지 옥스퍼드나 캠브리지에 보내는 게 유일한 목표였기 때문에 그런 학교 안내문은 찾아볼 수 없었거든요. 그런데도 그 팸플릿을 본 순간 내가 그 학교에 갈 거라는 걸 바로 알 수 있었어요. 심지어 나는 그때 지원 가능한 나이보다 어렸고, 입학 경쟁도 치열할 것 같았어요. 예술대학에 가려고 당장 학교를 자퇴하겠다고 했더니 선생님은 인생을 낭비하는 거라며 엄청 화를 내셨죠."

3년 후 브래다는 최연소 학생으로 그 예술대

학을 우등 졸업했습니다. 좋은 회사에 의상 디자이너로 취업해 런던의 고급 주택가에 작은 집을 얻었고, BMW 미니쿠퍼도 한 대 샀습니다. 1970년대 활기 넘치던 런던의 상류사회에 진입한 거죠.

그러나 채 2년도 되지 않아 브래다는 공허감과 상실감을 느꼈습니다. 다른 사람들이 원하는 모든 것을 가졌지만 인생의 진짜 의미를 찾지 못했다고 느꼈습니다.

당시 비슷한 고민을 가졌던 사람들은 인도로 떠났지만 브래다는 달랐습니다. 몇 년 동안 친오빠에게서 이국적인 아프리카 이야기를 들어왔던 터라 케냐행 편도 비행기 표를 샀습니다.

그 후 2년 정도 동아프리카의 수풀을 누볐습니다. 아무런 계획도 정해진 일정도 없이 혼자서 호신용으로 사냥용 칼 하나만 들고 야외에서 혹은 원주민 부락에서 잠을 자며 여행했습니다.

삶이 자신을 어디로 데려갈지 전혀 모른 채 브

래다는 런던으로 돌아왔고, 2주 후 오랜 친구의 칵테일파티에 초대받았습니다.

파티에서 독일식 억양을 쓰는 사람이 브래다에게 아프리카 여행에 대해 물었습니다. 그녀가 이야기를 마치자 그는 잠시 동안 말을 잇지 못했습니다.

"혹시 내일 우리 부부와 같이 점심식사를 할 수 있을까요?"

그가 준 명함에는 'E. F. 슈마허'라 적혀 있었습니다. 슈마허는 당시 떠오르는 환경운동가이자 '적정기술'[1]이라는 개념을 정립한 경제학자이며, 세계적인 베스트셀러 <작은 것이 아름답다>의 저자였습니다.

다음날 슈마허 부부는 자신이 세운 단체에서

---

1 개발도상국가에서는 지역 규모에 알맞고 사용하기 쉽도록 첨단기술과 하위기술 중간 정도의 생태적인 테크놀로지를 적용해야 한다는 주장.

런던 최초의 아프리카 아트 갤러리이자 최초의 소수민족 갤러리를 오픈하려 한다는 계획을 설명했습니다. 갤러리의 모든 수익은 아프리카 현지 예술가들과 공예가들에게 환원한다는 계획이었습니다.

슈마허 부부는 브래다에게 "당신이 그 갤러리를 책임질 완벽한 적임자 같습니다. 직책에 딱 맞는 디자인 경험과 아프리카에 관한 지식을 함께 갖췄으니까요"라고 말했습니다.

몇 달 후 브래다는 케냐 마사이족이 그녀를 위해 특별히 만든 마사이 전통 의상을 입고 런던 타임스의 1면을 장식했습니다.

그 후 5년 넘게 그 갤러리는 아프리카 문화를 선보이는 쇼케이스이자 문화의 교차로로 런던의 중요한 명소가 되었습니다. 브래다는 현지인들에게 수익을 기부하고 더 많은 작품을 의뢰하기 위해 매달 케냐를 다녀왔습니다.

삶이 장밋빛이든 어둡든,
현재의 있는 그대로의 삶에
맞서는 것을 멈춰야 합니다.

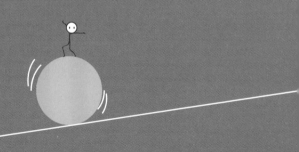

우디 앨런 같은 천재 감독도 이런 스토리를 만들어내지는 못할 겁니다. 실제로 일어날 것 같지 않은 의외의 인생은 언제나 생각지도 못한 깜짝쇼처럼 진행됩니다.

하지만 우리는 원래 이런 일이 어떻게든 일어나게 되어 있었다며 일종의 정당성 같은 걸 느끼게 됩니다. 이런 일은 우리 삶의 의미와 목적의 열쇠가 됩니다.

이런 순간에 특히 필요한 것은 우리의 믿음입니다. 모든 결과를 통제하고자 하는 자의식의 열망보다는 신비한 삶의 의미를 믿어야 하는 것이지요. 브래다는 그런 믿음이 있었습니다.

그녀는 결과가 어떻게 될지 모르는 채로 삶이 이끄는 대로 아프리카에 갔다 왔습니다. 삶의 목적이라는 가느다란 실을 따라가면서 브래다는 소속감이라는 본질적인 의미, 살아가고 있는 이 순간과의 일체감, 우리를 부르는 곳으로 기꺼이 가고자 하는 자발성의 좋은 예를 보여주었습니다.

　버지니아 울프는 아주 어렸을 때 이 같은 본질적인 의미를 깨달았습니다.

> 만약 삶이 기대고 있는 토대가 있다면…나는 틀림없이 이 추억 위에 서 있을 것이다. 세인트 아이브즈 별장의 아이방 침대에 반은 잠들고 반은 깨어있는 상태로 누워 있었던 기억이다. 노란색 커튼 뒤로 파도가 철썩철썩 부서지는 소리가 들리고, 바람이 불어오고 나갈 때마다 커튼에 달린 작은 도토리 장식이 마룻바닥에 끌리는 소리도 들린다. 누워서 소리를 듣던 기억…그것을 느끼노라면 나는 지금 내가 이곳에 있는 것이 믿기지 않는다.

　버지니아 울프는 자신의 존재를 온전하게 느끼는 것을 삶의 바탕으로 삼았습니다. 이런저런 목표나 역할이 아니라, 복잡한 설명 따위는 필요 없는 '존재한다'는 날것의 사실 그 자체였습니다. 지금 하고 있는 일 때문이 아니라 자아에 눈을 뜨고, 존재하는 자신을 경험했기 때문에 살아있다는 기분을 강렬하게 느꼈던 것입니다.

바로 이 순간, 지금이 버지니아 울프처럼 당신의 의식 속에 생생하게 남을 유일한 시간일 수 있습니다. 설거지를 하거나 책을 쓰거나 개를 산책시키거나 먼 산을 바라보고 있거나, 당신이 무엇을 하든 하지 않든 상관없습니다.

지금 완전히 몰입해 당신의 몸에 흐르는 생명력을 느낀다면, 삶 자체로 이미 충분하기 때문에 의미와 목적이라는 질문이 더 이상 떠오르지 않을 겁니다. 소속감에 대한 질문도 떠오르지 않을 겁니다. 우리의 지금 이 순간은 살아있는 것만으로 본연의 의미가 있습니다.

우리 인간이 궁극적인 목적을 갖고 있다면 분명 이런 것이어야 합니다. 삶이 장밋빛이든 어둘든, 현재의 있는 그대로의 삶에 맞서는 것을 멈춰야 한다는 것입니다. 콧노래를 부르고, 땀 흘려 수고하고, 울고 웃으며, 나는 완전한 내가 되어갑니다. 우리가 살아가고 있는 이 순간이 어떤 모습이라 할지라도, 지금 이 순간이 삶의 목적을 분명하게 합니다.

인도의 철학자 크리슈나무르티가 "무슨 일이 벌어지든 신경 쓰지 않는다는 것이 내 비결"이라고 말한 것도 이와 같은 의미입니다.

그렇지만 가끔은 저 역시 어떤 일이 벌어지고 있는지 신경을 쓸 수밖에 없더군요. 식당에서 종업원이 빨리 주문을 받지 않으면 신경이 쓰입니다. 항상 깨어있는 마음의 상태로 있을 수도 없습니다. 내 마음이라는 하늘 속 구름이 늘 자유롭게 흘러가는 것만은 아니니까요.

그래서 이제는 과거에 비해 어떤 일이 일어날지 전전긍긍하는 조급증이 줄어들긴 했지만 여전히 잘 속아 넘어가는 자의식은 생각과 감정,

바람과 욕망에 따라 지금도 길을 잃곤 합니다. 그렇지만 그것도 괜찮습니다.

인간은 오류를 범할 수밖에 없는 존재임을 알기에 나 스스로에게 너그러워지는 법을 배웠습니다. 지나 리 나델라처럼 저 또한 제 자신과 세상을 바꾸려고 노력하는 일에는 점점 더 시들해졌습니다. 그 대신 슬펐다가 기뻤다가, 의기소침했다가 의기양양해지는 제 자신을 사랑하는 것에 더 많이 끌리게 되었습니다.

우리는 결국 어디로 향하는지 알지 못한 채 물이 새고 있는 낡은 보트에 함께 타고 있는 셈입니다.

모든 망각의 순간은 마음속 깊은 곳에 있는 것을 기억할 수 있는 또 다른 기회입니다. 저는 의미와 목적에 대한 생각을 넘어 그것이 마음의 문제가 아니라는 것을 압니다.

내 자신이 항상 사랑하고 깨어있는 존재라는 것을 압니다. 특히 일상생활 속에서 이 점을 기

억하는 것이 중요합니다. 나머지 다른 것들은
모두 뒤따라오게 될 겁니다.

Chapter 04

사랑을
얻으려고
아등바등하지
않습니다

때가 올 것이다.

너의 문 앞에, 너의 거울 속에

도착한 너 자신을

기쁨으로 맞이할 때가

미소 지으며 서로를 맞이할 때가

그리고 말하라, 이곳에 앉아 먹으라고…

앉으라, 그리고 너의 삶을 살라.

-데렉 월컷, <사랑 이후의 사랑>

저는 오늘 아침 일찍 일어나 '나는 혼자다'라는 달콤 쌉싸름한 기분을 맛보았습니다. 오늘은 제 보잘 것 없는 삶을 깨닫게 할 어떤 일이 또 생길까 궁금해 하며 활짝 열린 하루를 맞이하러 거실로 나왔습니다.

그러자 모든 것이 생명력을 뿜어냈습니다. 네, 정말 그랬습니다. 붉은 소파와 장미 무늬 의자들, 화가 로스코의 판화, 이란에서 온 생명의 나무 자수, 책이 흩어져 있는 커피 테이블….

모든 것이 사랑으로 가득 차 있었습니다. 모든

것이 아름다움과 존재감으로 생생했습니다. 그때 세상을 이런 눈으로 본다면 절대 외롭지 않으리라는 것을 알았습니다. 떡갈나무나 초원 위의 가젤처럼 나 역시 분명하게 이 땅에 속해 있다는 것을 알았기 때문입니다.

특별한 이유도 없이 마음이 열리고 세상이 생생하게 다가왔습니다. 제 의지로 그랬다기보다 신의 도움으로 내 안의 섬세함이 표출됐고, 잠시 동안 어쩌면 그보다는 더 오래 무방비 상태로 있었습니다. 경계하지 않는 마음이 제 자신과 세상에게 사랑을 전하고 다정함을 가져다 준 것입니다.

다른 존재 앞에서 이렇게 투명하리만큼 솔직해지는 것 또한 신의 도움으로 가능해집니다.

최근에 저는 몇 년 동안 보지 못했던 오랜 친구 아테나를 만났습니다. 어렵게 점심을 같이하기로 약속을 정하고 샌프란시스코의 한 카페에서 마주 앉았습니다.

"나한테 깜짝 뉴스가 있어."

그녀가 말했습니다. 아테나는 50대 초반의 매력적인 커리어 우먼입니다. 20년 전 이혼한 후 몇 번 남자친구를 사귀었지만 짝을 찾지는 못했습니다. 항상 뭔가가 부족했다고 했습니다. 그래서 그동안 대부분을 홀로 보냈습니다.

싱글에서 탈출하려고 여러 번 노력했지만 이렇게 그렇게도 오랫동안 제대로 된 상대를 만나지 못했는지 모르겠다고 했습니다. 온라인 데이트, 소개팅, 동호회 활동 같은 일반적인 방법은 다 해봤지만 아무것도 효과가 없었습니다. 친구들이 보기에도 신기할 정도였습니다. 결국 그녀는 그 노력을 포기하고 자신의 삶에 만족하기로 했습니다.

그런 아테나에게 딸과 같은 씨민이라는 아프가니스탄 출신의 아가씨가 있었는데 어느 날 지난 해 크리스마스에 두 사람이 했던 약속을 끄

집어냈다고 합니다.

"아테나, 올해 크리스마스까지 남자친구를 만들 거라고 나랑 약속했잖아요."

아침을 먹으면서 씨민이 말했다고 합니다.

"크리스마스까지 얼마 안 남았어요. 올해야말로 아테나가 좋은 사람을 만날 거라는 강한 예감이 들어요. 아테나가 지금도 행복하다는 걸 알지만 날 위해서라도 한 번만 해봐요. 제발요. 몇 주만이라도 매치닷컴에 들어가 보세요. 많은 사람들이 그런 식으로 사랑하는 사람을 만난다고요. 어떤 일이 생길지 모르는 거잖아요."

"매치닷컴은 몇 년 전에 내가 가입했었던 데야. 그때 다시는 온라인 데이트 따위는 안하겠다고 맹세했거든."

아테나가 말했습니다.

"꼭 짝짓기 시장 같았어. 너무 비인간적이야. 그래도 씨민이 하도 고집을 부려서 그 애를 위해서라도 일주일만 해보겠다고 했거든. 그래 놓고 몇 달을 끌었는데 씨민이 어떻게 되고 있는 지 궁금하다고 전화를 했어. 그래서 온라인으로 집 근처에 사는 사람을 찾아 연결이 됐지. 바닷가 근처에 있는 호텔 바에서 만나기로 했어."

"내가 약속장소에 몇 분 일찍 도착했는데 마침 컨퍼런스 같은 게 끝났는지 구글 직원들 때문에 엄청 붐비더라고. 바에는 앉을 데가 없어서 빈자리가 있던 로비로 갔는데, 거기서 혼자 앉아 있는 사람과 미소를 주고받았어. 왜 그랬는지는 모르겠는데, 하여튼 내가 그 사람한테 옆자리가 비어 있냐고 물었지. 그렇다고 해서 거기 앉으려고 하는데 그 사람이 '정말 얼굴이 따뜻하고 아름다우시네요' 하는 거야."

"근데 그 말이 정말 자연스럽고 진심처럼 느껴져서 경계심이 풀어졌어. 나중에 그 사람도 자기가 너무 솔직했나 싶어서 걱정했다고 하더라고. 어쨌거나 나는 그 말이 따뜻하게 느껴져서 고맙다고 했어. 내가 의자에 앉으니까 여기는 무슨 일로 왔냐고 묻더라고."

"잠깐 망설였지만 모르는 사람한테 솔직하게 얘기한다고 해서 잃을 게 뭐가 있겠나 싶었어. '매치닷컴에서 연결된 사람을 만나러 왔어요'라고 했지. '얼굴을 보는 건 처음인데 아직 그 사람은 안 온 것 같네요. 그 사람 이름은 잭이에요'라고 말했지."

"'아, 혹시 긴장하셨습니까?' 그 사람이 묻더라고. '나 같으면 많이 불안할 것 같네요'라면서."

"몇 분 만에 그 사람과 제일 친한 친구가 된 것처럼 얘기를 하게 됐어. 그 사람 이름은 로코 카포비앙코인데 이름에서 느껴지는 것처럼 아주 미남이야. 내가 좋아하는 스타일에 유행에 앞선 멋쟁이고. 테크놀로지 콘퍼런스에 발표하러 왔다고 하더라고. 이름은 이탈리아식이지만 이탈리아에는 가본 적도 없다고 그러더라고. 그래도 언젠가는 꼭 가보고 싶다고 했어. 마침 이탈리아는 내가 제일 좋아하는 나라여서, 시간이 날 때마다 이탈리아어와 요리를 배울 겸 가거든. 로코가 자기도 늘 이탈리아 요리 수업을 듣고 싶었다고 하더라고."

"로코가 시계를 보고서 '아, 6시네요. 잭 찾는 걸 도와드릴게요. 그런데 구두 참 멋진데요' 하기에 '고마워요. 첫 번째 데이트용 의상이랍니다. 어때요?'라고 내가 물었어."

"그가 '아주 근사합니다. 잭이 대박 났다고 생각할 거예요' 하더라고."

"나중에서야 이런 대화가 아이러니컬하다 싶어 같이 웃었어. 좀 있다가 로코가 누군가를 가리켰고, 나는 아닌 것 같다고 고개를 흔들며 사진과 비슷한 사람을 찾기 시작했어. 15분인가 20분쯤 지나고 나니 그때쯤에는 뻔한 대화를 하게 됐어. 왜 있잖아, 남녀가 서로 끌릴 때 하게 되는 얘기들."

"잭을 찾아서 바에 갔는데, 거기에도 없더라고. 다시 로비로 와서 앉으니까 로코가 날 쳐다

보더니 '저, 당신이 데이트할 사람을 기다리고 있는데 이런 말 하면 이상하겠지만, 내일 저녁 같이할까요?' 하는 거야."

"'물론이죠, 그럴게요! 제가 지금 핸드폰으로 전화할게요. 찍힌 번호가 제 거예요' 그러는 거 있지"

"로코가 핸드폰을 보다가 우리 쪽으로 걸어오는 사람을 가리키면서 고개를 끄덕하는데, 살짝 당황스러워하는 표정이더라고. '저 사람이 잭인 것 같은데요' 로코가 중얼거리듯이 말했어."

"나도 당황스러워서 벌떡 자리에서 일어났는데, 허둥대느라 로코한테 작별인사도 못했어. 그러고는 잭과 같이 바에 갔는데, 30분 만에 아, 이 사람하고는 다시 만날 일이 없겠다 싶더라고. 집으로 돌아가는 길에 로코한테 문자를 해서 아까 작별인사 못해서 미안하다고, 너무 어색해서 어떻게 해야 될지 몰랐다고 했지."

"로코가 답장으로 '어색해하는 게 보였어요.

그래도 당신은 완벽했고요. 내일 저녁 약속, 지금도 괜찮은 거죠?' 하더군."

"다음날 저녁은 정말 최고로 즐거운 밤이었어. 오랫동안 못 만났던 친구를 만난 것처럼 말이야. 물론 로코와는 친구보다 더 깊은 관계가 될 게 분명했지만. 우리는 취향이나 인생관이 신기할 정도로 비슷했어. 사실 비슷한 것 그 이상이었지. 말로 표현할 수 있는 것보다 더. 이제 사귄지 1년이 넘었고, 우리는 지금 같이 살 집을 짓고 있어."

이들 두 사람은 어떤 일이 벌어지고 있는지 모른 채 운명이라는 날개 위에 몸을 실었습니다. 미래는 불규칙적이어서 예측이 불가능하다는 '카오스 이론'의 전형적인 예라고 할 수 있습니다.

두 사람 중 누구도 이런 결과가 생기도록 애쓰지 않았습니다. 두 사람 중 누구도 상대방에게 말을 걸 수 있으리라는 기대를 갖고 호텔 로비 의자에 앉은 게 아닙니다.

로맨스에 대한 기대도 물론 없었지요. 이들의 인연은 뜻밖의 뭔가를 만나게 되는 우연한 행운의 순간들 중 하나였지만 거기에는 분명 그 나름의 이유와 논리가 있었습니다.

말로는 참 쉬운, 꿈같은 만남처럼 보입니다. 하지만 그 만남은 릴케가 말한 대로 아테네가 내적으로 수년간 열심히 노력해온 결과였습니다.

릴케는 '깊은 사랑을 원하는 이들은 벌이 꿀을 모으듯 그를 위해 사랑을 쌓고 모아야 한다'고 했습니다.

사랑과 고독이라는 도전적인 경험을 통해 아테나는, 사랑은 다른 무엇보다도 더 내적인 것이라는 사실을 알게 되었습니다. 여기서 내적이라는 말은, 긍정적 확언[2]을 통해 자신을 사랑하

---

2 부정적인 잠재의식을 바꾸고 자신을 독려하기 위해 스스로에게 하는 짧고 긍정적인 말.

인간관계를 형성할 때는
자신과 상대의 약점과 단점을
솔직하고 겸허하게
인정할 필요가 있습니다.

릴케는 '깊은 사랑을 원하는 이들은
벌이 꿀을 모으듯 그를 위해 사랑을 쌓고
모아야 한다'고 했습니다.

려고 노력하는 것을 뜻하는 게 아닙니다.

자신의 경험과 친밀해지고, 나아가 자신을 내보인 뒤에 거절당할까 두려워 자신의 감정을 보호하는 게 아니라 자기 자신과 타인에게 솔직해지는 것을 뜻합니다.

아테나는 자신이 사랑하는, 창조적이고 성취감을 주는 삶을 살았습니다. 릴케가 말했던 것처럼 개인으로서 원숙해지고 스스로 뭔가를 이루면 굳이 다른 누군가를 통해 부족한 부분을 채울 필요성이 줄어듭니다.

아테나는 사적인 친밀한 관계를 꺼려하지 않았습니다. 오히려 가까운 사람을 만들고 싶어 했지만 그런 사람이 꼭 필요하지는 않았던 겁니다.

저는 그녀가 숨김없이 자신을 드러냈기 때문에 로코와의 만남을 더 쉽게 만들었다고 생각합니다. 로코 역시 자신이 너무 솔직했나 싶어 두려웠다고 했던 사람이고요.

두 사람의 사랑은 참으로 위대해 보입니다. 그러나 그런 사랑은 쉽게 이뤄지지 않습니다. 어떤 경우에도 자기기만과 무의식적인 기대로부터 깨어있는 것은 쉬운 일이 아닙니다. 상대방이 자기 자신에 대해 오해하고 있다면 더 말할 것도 없지요.

그러다 보니 우리는 어쩔 수 없이 사랑을 할 때도 아등바등하게 됩니다. 본인 스스로도, 상대방과의 사이에서도 그렇게 합니다. 우리는 자신에게 맞는 사람을 찾으려고 몸부림치거나, 자기와 함께 있는 사람을 바꾸려고 은밀하게 또는 노골적으로 포장하거나 광고하려 합니다.

그러나 아등바등하는 것과 노력하는 것은 다릅니다. 뭔가에 분투할 때는 각자의 입장이 생기게 됩니다.

우리가 옳으면 싸움의 대상인 상대방이 틀려야 합니다. 하지만 타인과 관계를 형성할 때는 자신과 상대방의 약점과 단점을 솔직하고 겸허하게 알아보고 인정할 필요가 있습니다. 아등바등할수록 우리의 방어막은 강해지지만, 인정하면 할수록 방어막은 약해집니다.

우리는 내적으로도 발버둥 칩니다. 자신의 신념, 주장, 불안과 씨름합니다. 나는 왜 연애를 못하는 거지? 내 짝을 찾으려면 뭘 해야 하지?

영국 밴드 '더 클래시'의 노래 가사처럼 "여기 있어야 할까 아니면 떠나야 할까?" 나는 혼자라는 모험을 원하는 걸까, 아니면 누군가와 친밀하게 관계 맺는 위험을 감수하고 싶은 걸까? 내게 필요한 독립성과 친밀함 모두를 어떻게 동시에 지킬 수 있을까?

사랑의 문제에 관해서는 제 자신도 다른 사람들 못지않게 어리석습니다. 그러나 저는 제 주장에서 벗어나자마자, 머릿속 자기와의 대화에서 답을 구하려는 노력을 멈추자마자 편해진다는 것을 배웠습니다. 그렇게 되면 마음의 평정을 찾게 돼 논쟁에서 관심이 떠나고, 서로의 감정과 함께 있는 것에 관심을 갖게 됩니다.

그 다음에는 몸이 우리에게 말을 걸게 됩니다. 그렇게 관심을 옮겨 갈수록 마음속에 더 많은 여유로운 침묵이 생겨나고, 기적 중의 기적인 사랑을 시작할 수 있습니다.

그 사랑은 항상 마음속에 있었던 것입니다. 없던 사랑을 만들어 내거나 사랑하겠다고 결심하는 것이 아닙니다. 사랑은 우리 자신과 상대방을 아우르고 또 초월합니다. 그 순간 우리는 더 이상 바깥에서, 다른 사람에게서 사랑을 찾을 필요가 없습니다. 우리 자신이 곧 그 사랑이기 때문입니다.

고요함, 평정심, 사랑…. 이런 것들은 우리의 생각과 감정으로부터 한 걸음 물러나 떨어져 있을 때 경험할 수 있는 것입니다. 이런 식으로 거리를 두는 것은 우리의 경험을 차단하거나 분리하는 것이 아닙니다. 오히려 더 깊어지게 하는 것이지요.

 노벨문학상 수상자 체슬라브 밀로즈는 그의
시 <사랑>에서 이렇게 노래했습니다.

> 사랑은 사람들이 멀리 떨어져 있는 것을 보는 것처럼
> 너 자신을 보는 법을 배우는 것이다.
> 너 역시 수많은 사람 중 한 명일 뿐.
> 누구든 그렇게 보는 법을 아는 사람은 자신의 마음을 치
> 유하게 될 것이다...
> 그때는 새와 나무가 그에게 말을 걸 것이다.
> 친구여, 라고.

 멀리서 보는 것 혹은 거리를 두는 것은 자아도
취라는 병으로부터 우리를 자유롭게 하기 때문
에 마음의 상처를 낮게 합니다. 그러면 더 이상
내가 전부라는 생각을 하지 않게 됩니다.
 다른 사람들의 요구도 돌아보게 됩니다. 우리

의 시각이 우리에게 타당한 것이듯, 다른 이의 시각이 그에게는 근거 있는 것임을 이해하게 됩니다.

우리는 사물을 맥락 속에서 큰 그림의 일부분으로 봅니다. 우리가 스스로를 이렇게 바라볼 수 있다면, 나 자신이 수많은 사람 중 한 명일 뿐이라는 것을 알게 될 겁니다.

외아들인 우리 아이가 아직 어렸을 때, 저는 아침 일찍 아이를 깨우지 않는다는 원칙을 세웠습니다. 지금도 그렇긴 하지만 말입니다. 아침 명상 수련에 큰 의미를 부여했기 때문입니다. 아들에게는 아침에 일어나거든 조용히 거실에서 기다리면서 명상을 마칠 때까지 혼자 놀고 있으라고 분명히 당부했습니다.

아이는 혼자였으니, 아마도 외로울 거라는 생각을 잠시 하기는 했습니다. 그래도 아들이 아빠의 사랑을 느끼는 것보다는 제 습관이 더 중요했던 겁니다.

때때로 명상을 그만두고 벌떡 일어나 아들에게 조용히 하라고 소리를 지르기도 했습니다. 당시의 저는 이런 상황을 제대로 이해하지 못했습니다. 보기 좋은 자아도취는 아니었지요.

그로부터 수십 년이 흐른 지금, 저는 좀 더 다듬어져서 그런지 상대방에게 반응하는 사람이 되었습니다. 어떤 일이 일어나도 항상 뒤를 받쳐주는 고요함 속에 있을 수 있기에 가능해진 일입니다. 그 고요함의 또 다른 이름은 사랑입니다.

또한 겸손해지는 과정을 통해, 매순간 충실하게 사는 걸 가로막는 생각과 감정들을 기꺼이 내려놓게 됩니다. 이는 도착지 없는, 평생이 걸리는 일이지요. 결과적으로 저는 좀 더 사랑을 표현하는 사람이 되었습니다. 제 자신에게, 다른 사람에게 더 너그러워졌습니다.

두 사람 사이의 사랑은 각자의 고요함을 인정하는 것이기도 합니다. 육체적 결합에 대한 생각, 로맨틱한 이끌림에 대한 감정을 넘어서 교감하는 것입니다.

물론 몸과 마음의 친밀감은 기쁨의 근원이 되고, 두 사람을 하나로 묶는 데 큰 역할을 합니다. 그럼에도 알아차리는 마음[3] 속 교감이야말로 진정한 사랑의 축이 됩니다.

이런 교감은 낯선 사람과 스쳐 지나가는 순간에도 일어날 수 있습니다. 평생의 반려를 정하는 토대가 될 수도 있습니다.

이런 깊이 있는 사랑은 우리에게 신뢰라는 공간 속에서 쉬라고 권합니다. 여기서 신뢰란 특정한 결과나 성과가 따라오는 걸 말하는 게 아닙니다. 근원적이고 진정으로 열린 마음의 본질

---

3 대상을 있는 그대로 보고, 대상을 대상 그 자체로 아는 깨어 있는 지혜의 마음

을 가리킵니다. 신뢰는 오직 마음과 사랑의 테두리 안에서 통합니다.

제가 언제나 여유 있는 존재 안에 있는 것은 아닙니다. 여러 생각과 감정들이 저를 다른 곳으로 데려가려 할 때면, 사랑의 원천은 어디로도 움직이지 않는다는 생각을 떠올립니다. 마음이 산만해져 나 자신을 잊어버린 것은 다른 누구도 아닌 나입니다. 마음이 알고 있는 것을 저는 잊어버렸습니다. 어떤 일이 벌어져도 모든 것은 이미 근본적으로 다 괜찮다는 것을 말입니다.

이 여유 있는 존재의 감각, 무슨 일이 생기든 상관하지 않는 마음속의 고요…. 이것이 다른 사람과 느낄 수 있는 가장 깊은 친밀함입니다. 이 고요함이 나라는 존재의 핵심이라는 것을 알았을 때 저는 다른 사람의 마음에 비친 저를 볼 수 있었습니다.

고요한 마음이 또 다른 고요한 마음과 공명할 때, 모든 생각과 견해를 넘어 알아차림

두 사람 사이의 사랑은
각자의 고요함을
인정하는 것을 포함합니다.
육체적 결합에 대한 생각,
로맨틱한 이끌림에 대한 감정을 넘어서
교감하는 것입니다.

(awareness)이라는 사랑스러운 영역 속에서 서로를 알아보게 됩니다.

로버트 블라이는 그의 멋진 시 <제3의 몸>에서 이런 사랑을 이야기합니다. 남녀가 시간을 초월한 영원한 안락 속에서 서로 가까이 앉아 있습니다. 말을 하거나 하지 말거나 할 필요 없이, 몸짓은 미끄러지듯 여유롭게 이뤄집니다.

그들은 그들이 공유하는 제3의 몸에 복종한다.
그들은 그 몸을 사랑하기로 약속했다.
늙음이 오고, 이별이 오며, 죽음이 올 것이다.
남자와 여자가 서로 가까이 앉아 있다.

여기서 그들이 공유하는 제3의 몸은 살아 있으며 모든 것이 가득한 깨어 있는 존재입니다. 그것은 사랑 그 자체입니다. 연인들은 그 순간 사랑에 굴복합니다. 그 사랑에게 충만하고 무조건적인 신뢰를 주고 있는 것입니다.

예전에는 영국에서 결혼식을 할 때 성공회 기도문에 따라 배우자를 존중하고 소중히 사랑하겠다고 맹세했습니다. 시 속의 커플은 특별한 고민이나 노력 없이 그 맹세에 따라 살고 있습니다. 누군가를 존중한다는 것은 그 사람에 대해 깊은 존경의 마음을 갖는 것입니다.

누군가를 소중히 여긴다는 것은 그 사람을 가치 있게 여긴다는 것입니다. 그 사람의 심정을 이해하며, 그 사람에게 가장 좋은 것을 바라는 것입니다. 그게 당신에게 어떤 의미가 될지는 상관하지 않고 말입니다.

애정 어린 배려의 온기 속에 있을 때 그 기분은 어떨까요? 식물이 햇빛을 향해 있을 때 느끼는 기분과 같을까요? 서로 가까이 있고 싶고, 닿고 싶고, 사랑을 나누고 싶고, 그저 손만 잡고 싶을 수도 있겠지요. 마음의 문이 활짝 열리고, 이 기적인 자기중심적 사고방식은 아침햇살에 부서지는 안개처럼 사라집니다.

아마 당신도 인생의 한때에 이런 기분을 맛보았을 겁니다. 제가 그랬던 것처럼. 그리고 제가 그랬듯 당신도 그 기분을 잊었을 수 있지요. 윌리엄 워즈워스가 말했듯이 세상은 우리에게 너무하고, 우리가 이름 붙일 수 없는 열망이 생겨납니다.

그 열망은 다른 사람을 향한 욕구의 형태로 나타날 수도 있고, 어떤 이들에게는 종종 신을 향한 갈망이 되기도 합니다.

우리 대부분은 그런 열망과 그 열망이 낳은 결핍감을 알고 있습니다. 그 기분은 인간에게 기본적인 것이어서, 종교보다 앞섭니다. 그것은 우리가 누구인가를 가리켜 줍니다. 그 열망에 이름을 붙일 수 없다 하더라도 우리는 그것을 알고 있습니다. 우리가 모르는 것을 갈구할 수는 없기 때문입니다.

사랑시의 대가였던 루미는 시 <러브 독스(Love Dogs)>에서 가슴속 갈망의 근원으로 돌아가라고 주장합니다. 실연의 비통함, 슬픔, 상실감으로 되돌아가라고 촉구합니다. 하나가 되는 곳이 상처투성이인 마음속에 있다니, 이 얼마나 역설적입니까.

"네가 표현하는 이 갈망이

신에게 응답받은 메시지다."

네가 외치는 비통함이

너를 합일로 이끌 것이다.

우리는 곧 우리가 찾는 사람들입니다. 우리가 곧 사랑받는 사람들입니다. 데렉 월컷은 이 진실을 앞에서 소개했던 그의 아름다운 시 <사랑 이후의 사랑>에서 순수한 예술의 경지로 끌어올렸습니다. 잠시라도 이 사실을 알게 되면 어디서나 사랑하는 사람을 보게 됩니다. 그러고 나면 몸부림과 비슷한 모든 것들은 잊게 됩니다.

루미처럼 이런 순간을 알고 있는 사람들에게만 해당되는 이야기가 아닙니다. 기록되지 않았을 뿐, 누구에게나 보편적인 경험입니다.

제 작문 수업을 들었던 패트릭 하우크는 이 보편적인 경험을 시로 적었습니다.

패트릭은 어느 날 저녁 수업에서 그가 쓴 시를 읽었습니다. 2015년 그가 갑자기 숨을 거두기 몇 달 전의 일입니다.

그가 시 낭독을 마치자 몇 분 동안 아무도 말을 잇지 못했습니다. 제가 할 수 있는 말이라고는 그의 시어 하나하나가 진실하다는 것을 확실히 느꼈다는 것뿐이었습니다. 그는 출근하는 길에 있는 정원 입구에서 신비로운 사랑의 합일을 느꼈다고 했습니다.

여덟 살짜리 줄리아는 내 이웃이다.

3주 전에 우리가 만났을 때

줄리아는 내 강아지를 쓰다듬어 봐도 되겠느냐고 물었다.

줄리아는 무릎을 꿇고 마치 귀한 보석이라도 되는 양

조의 북슬북슬하고 폭신한 귀를 만졌다.

그 순수하고 부드러운 순간,

그녀는 세상 전체를 그녀 곁으로 끌어왔다.

그녀는 일어섰고, 고맙다고 말하고 걸어갔다.

그날, 나는

소녀의 마음의 무한함을 느꼈다.

오늘 출근하려고 문을 닫을 때

내 마음은 꽉 쥔 주먹처럼 닫혀 있었다.

줄리아는 등교 준비를 마치고

건너편에서 나를 빤히 바라보며 서 있었다.

포근한 핑크색 퀼트 코트를 입은

그녀의 맑은 눈은 미래로부터 자유로웠다.

나는 그녀의 시선에 사로잡혔고

그날의 첫 번째 숨을 들이쉬었다.

스스로를 알고 있다고 생각하는 나는 예민해졌다.

그녀는 솔직하고 진심 어린 시선으로

나를 계속 주의 깊게 바라보았다.

그리고 나는 이 아름다움과 사랑스러움에 속수무책인 채로

통제력을 잃을까 두려워하며

어린아이 앞에서 무력해졌다

그러나 사랑은 그것 또한 누그러뜨렸다.

완전히

내 몸 전체가 활짝 열렸고,

모든 것에 온화해졌으며,

내 안의 문턱이 낮아지고,

무의미한 생각이 서서히 사라지면서,

그 광대함을 가늠할 수 없었다.

그리고 내 마음은 넓고 끝없는 사랑에 함락되었다.

그 신성한 사랑 속에 우리는 둘 다 늙지 않으며, 걱정도
없었다.

나는 줄리아에게서 진실이 충만하게 빛나는 것을 보았다.

이 순간, 모든 곳에서.

단지 보는 것이 나만은 아니었으며,

보고 있는 것은 또한 모든 곳으로부터 보이고 있었다.

우리는 고대로부터 영원히 있었다.

줄리아는 손을 들어 작별을 고했다.

나도 손을 들었고, 그녀는 돌아서서 학교를 향해 걸어갔다.

그 후 새로 난 길을 따라 내려가면서

모든 것에서 새로움을 발견하고

나는 떨렸다.

확신으로 떨렸다.

내가 방금 작은 신을 보았다는 확신으로.

이 시가 표현하고 있는 깨달음은, '보고 있는 것은 또한 모든 곳으로부터 보이고 있었다'에서 처럼 우리가 알고 있는 가장 깊은 친밀함을 가리킵니다. 어떤 특정한 한 사람과 나누는 친밀함이 아니라 모든 것, 삶 자체와 나누는 친밀함입니다.

블라이 시에 나왔던 커플의 영혼을 담은 친밀함마저 넘어설 정도이지요. 뼛속 깊은 곳까지 완전히 닿아 '내 온 몸은 활짝 열렸고… 그리고 내 마음은 함락되었다'라는 구절은 우리가 살고 있는 세계의 아름다움뿐 아니라 괴로움으로까지 우리를 안내합니다.

궁극적인 앎(knowing)은, 마음에는 어떠한 구분과 분리가 없으며, 우리는 태어날 때부터 항상, 지금도 삶과 친밀한 일체감의 상태에 있다는 것입니다.

이런 깨달음은 인위적으로 얻을 수 없습니다. 연습을 할 수도 없습니다. 안달복달해도 손에

넣을 수 없습니다. 그러나 패트릭 하우크처럼 평생 동안 내적 토양을 갈고 닦는 것은 가능합니다. 그렇게 했을 때 신의 은총이 작용하면, 자신도 모르는 사이에 마음이 열리게 됩니다.

Chapter 05

시간과 싸우느라
아등바등하지
않습니다

나는 내가 아니다.

눈에 보이지 않아도

언제나 내 곁에서 걷고 있는 이,

가끔씩 내가 만나려 애를 쓰지만,

대부분은 잊고 지내는 이,

내가 말할 때 조용히 듣고 있는 이,

내가 미워할 때 선한 마음으로 용서하는 이,

내가 없는 곳으로 산책을 가는 이,

내가 죽었을 때 내 곁에 서 있는 이,

그가 바로 나이다.

-후안 라몬 히메네스, <나는 내가 아니다>

나는 라마나 마하르 쉬의 동굴 입구로 향하는 안마당의 보리수나무 그늘 아래 앉아 있었습니다.

위대한 현인 마하르쉬는 인도 타밀나두주(州) 아루나찰라 산비탈의 그곳에서 1950년 사망하기 전까지 18년간 살았습니다.

그곳의 안마당은 밝은 색 옷으로 몸을 감싼 인도 중류층 여성들로 가득 차 있었습니다. 그들은 모두 마른 몸에 수수하게 흰 옷을 입은 중년 남성을 바라보고 있었습니다. 거기서 들리는 것이라고는 나무를 스치는 바람 소리와 멀리서 웅웅거리는 차량 소리뿐이었습니다.

1년 전만 해도 나나가루는 순박한 농부에 불과했습니다. 어느 날 밤 꿈에서 그는 무척 부드럽고 자비로운 눈을 가진 어떤 남자의 강렬한 이미지를 보고 잠에서 깨어났습니다.

다음날 아침 그가 신문을 펼쳤을 때 지난 밤 꿈에서 봤던 남자의 얼굴이 실려 있었습니다. 바로 라마나 마하르쉬였습니다.

이미 1년 전에 마하르쉬는 세상을 떠났지만 나나가루는 그가 수련하던 장소를 찾아보았습니다. 그리고 가능한 한 가장 빨리 아루나찰라 산기슭에 자리 잡은 도시 티루반나말라이로 떠났습니다.

티루반나말라이에서 맞이한 첫 날 아침 비몽사몽 중에, 그가 제게 말한 대로 표현하자면, 그는 정신이 뚝 떨어졌다가 완전히 마음속으로 들어가는 것을 느꼈습니다.

그때부터 그는 이전과 다른 사람이 되었습니다. 그는 자신의 실재(實在)와는 다른 힘에 의해 살아가고 있다고 느끼게 되었습니다. 사람들이 그의 주변에 몰려들기 시작했고, 인도 남부 전역에 그의 이름이 빠르게 퍼져나갔습니다.

보리수 그늘 아래 있었지만 오후 늦은 시간이었고 안마당은 더웠습니다. 나나가루는 다른 사람들과 함께 침묵 속에 앉아 있다가 몸을 돌려 저에게 손짓을 했습니다.

"미스터 로저는 내일 비행기로 영국에 갈 생각을 하고 있군요. 하지만 아무 데도 가지 않을 겁니다. 어디에도 갈 수 없을 거예요. 결코 움직이지 않을 겁니다. 몸이 움직이고, 마음도 움직이지만 그는 움직이지 않을 겁니다."

나나가루는 소리 내어 웃고는 트림을 했습니다. 저는 그날 여행 계획이 꽉 차 있었습니다. 때문에 처음에는 그가 무슨 말을 하는지 곧바로 이해하지 못했습니다. 그러고는 깜짝 놀라서 몇 년 전에 있었던 또 다른 위대한 스승 푼자지와의 비슷한 만남을 떠올렸습니다.

그는 마하르쉬의 제자로 마하르쉬를 통해 깨달음을 얻었습니다. 저는 인도 북부 러크나우에 있는 그의 집 작은 거실에 앉아서 그를 기다리고 있었습니다. 1990년의 일이었습니다.

푼자지는 나나가루보다 좀 더 당당한 풍채였는데, 큰 몸집보다 더 큰 존재감으로 방을 채웠습니다. 그때는 아직 그를 아는 사람이 많지 않았고, 그를 찾아내는 게 쉽지 않았습니다.

그의 아내가 당시 제 연인이었던 클로에와 저를 집안으로 안내했을 때, 그는 몸짓으로 우리에게 앉으라고 했습니다. 그러고는 열차 시간표를 꺼내며 러크나우까지 어떤 열차를 타고 왔냐고 물었습니다.

거실에 있던 다른 두 사람에게도 무슨 기차를 탔냐고 묻고는 15분 동안이나 러크나우로 오는 최고의 기차와 최악의 기차에 대해 한담을 나눴습니다.

그러고 나서 갑자기 제 쪽으로 몸을 돌리더니 물었습니다. "미스터 로저, 무엇을 도와드릴까요?" (인도 사람들 모두가 저를 '미스터 로저'라고 부르고 싶어 하는 것 같았습니다.)

저는 더듬거리며 대답했습니다.

"사랑도 했고 헌신도 했던 제 경험을 비이원론(非二元論·nondualism)[4]과 조화시키기가 어렵습니다."

저는 결국 그렇게 실토하고 말았습니다.

"만약 오로지 하나의 실재만 존재한다면, 사랑

---

4 이원론에 맞서는 우파니샤드(고대 인도의 철학 경전)의 중심 내용. 우주적 원리로서의 절대자인 브라만(Brahman·梵)과 개인의 본질인 자아, 아트만(Atman·我)이 둘이 아니라 하나의 존재라는 '범아일여(梵我一如)' 사상. 이것을 제외한 나머지는 모두 허상처럼 실재하지 않는다는 것.

의 존재를 어떻게 설명할 수 있습니까? 사랑이란 기본적으로 어떤 관계가 전제돼야 하지 않나요?"

푼자지는 웃음을 터뜨렸습니다. 그러고 보니 저는 인도의 스승들에게 자주 웃음을 자아내게 하는 것 같습니다. 그러더니 이렇게 반문했습니다.

"지금 질문을 하는 것은 누구입니까? 이 질문은 철학자의 것입니까, 아니면 사랑에 빠진 사람의 질문입니까? 어느 쪽이든 당신은 요점을 놓치고 있습니다.

핵심이 무엇일까요? 당신이 핵심입니다. 그렇다면 당신은 누구입니까? 당신은 거기에서 답을 찾게 될 겁니다. 대답해 보세요, 미스터 로저. 내 앞에 있는, 내가 보고 있는 육체의 틀을 입고 인도에 온 건 누구입니까?

이 질문에 답할 수 있다면 사랑에 대해서도 모든 것을 알게 될 겁니다."

"내가 누구인지 모르겠다는 말밖에 못하겠습니다. 나는 내 생각과 언어 그 너머에 있거든요."

"그럼 지금 이 순간 나에게 말하고 있는 사람은 누구입니까? 이런 말과 사랑 이야기의 근원은 무엇입니까?"

저는 침묵하며 앉아 있었고, 푼자지는 미소를 지었습니다. "내가 처음으로 마하르쉬를 만나러 갔을 때 말이에요." 그가 제 대답을 기다리더니 말을 이었습니다.

"마하르쉬에게 크리슈나신의 환영을 보여 달라고 했습니다. 그때 나는 크리슈나신에게 매료돼 거의 제정신이 아니었거든요.

나는 어릴 때부터 크리슈나신의 숭배자였고, 오랫동안 그의 모습을 볼 수 있기를 열망해 왔습니다. 마하르쉬가 어느 날 '아루나찰라 산에 가서 명상하거라' 하더군요. 그래서 그 말대로 했더니, 아니나 다를까 크리슈나가 직접 나에게 다가왔습니다. 크리슈나가 정말 내 앞에 나타났고, 나는 그와 어린아이처럼 어울려 놀았습니다.

내가 마하르쉬에게 돌아와 내가 본 것을 말했

을 때 그가 물었습니다. '그래, 지금 너의 크리슈나는 어디 있느냐?' 나는 '지금은 여기 없습니다'라고 대답했지요.

그러자 마하르쉬는 '그럼 결코 오지 않으며 결코 떠나지도 않는 이와 더불어 혼자 쉬거라'라고 했습니다. 그 순간 나는 나 자신의 존재에 관한 변함없는 진실을 알았습니다. 이전에 내가 나라고 생각했던 이는 영원히 죽었습니다."

푼자지와 나나가루는 모두 마음과 정신을 초월해 영원히 변치 않는 차원을 말하고 있었습니다. 그들은 제가 '내가 생각해왔던 내'가 아니라는 것을 알아채기를 바랐습니다. 저의 진정한 정체성은 시간과 공간, 생각을 넘어서는 '고요한 의식적 현존(aware presence)'이라는 것을 깨닫게 되기를 바랐습니다.

저는 그때 푼자지가 어렴풋이 일깨워줬던 통찰력을 나나가루와 마주앉기 전까지 까맣게 잊고 있었습니다. 그로부터 몇 년 후 벌어졌던 이

키에르케고르는
스스로를 바쁘게 만듦으로써
현재로부터 도망치려는 충동이
불행의 가장 큰 원인이라고
주장했습니다.

란 정보국 사태는 비록 정신적인 만남은 아니었지만, 저로 하여금 인도 스승에게는 명료했던 그 진리를 깨닫게 해주었습니다.

푼자지가 철도 시간표에 집착했던 것도 두 번째 가르침을 주기 위해서였다는 것도 어렴풋이 알게 되었습니다.

직접 언급하지는 않았지만, 우리의 깊은 본성은 시간에 구속되지 않는 영원한 것이다, 시계가 가리키는 시간과 평범한 일상에 세심하게 주의를 기울이는 것 또한 중요한 일이다, 라는 것을 가르쳐 주었던 것입니다.

세상은 시간이라는 구조 없이는 지금처럼 유지되지 못할 겁니다. 물론 시간 역시 인간이 만든 뛰어난 창조물이긴 하지만요. 19세기 초 영국에서 철도 운행 시간표가 도입된 이래 줄곧 인간은 시간을 관리해왔고, 동시에 너무나 쉽게 시간에 조종당해 왔습니다.

푼자지는 저에게 큰 질문을 던졌습니다. 동시

에 존재하는 두 개의 세상, 즉 시간을 초월한 영원한 차원과 시계로 표시되는 시간 속에서 어떻게 살아갈 것인지 말입니다. 기독교에서 예수는 세상에 있으나 세상에 속하지 않는다고 말하는 것과 일맥상통합니다. 앞서 소개했던 히메네스의 시가 전하려는 메시지도 마찬가지입니다.

철도의 보급과 함께 영국의 그리니치가 기준이 된 표준 시간대가 전 세계로 퍼져 나갔습니다. 그리고 모든 것이 바뀌었습니다. 농사에 맞춘 절기나 계절의 변화처럼 영원히 이어지던 시간은 시계가 표시하는 시간, 분, 초로 대체되었습니다.

사람들은 일터에서 의무적으로 시간기록계에 출근 카드를 찍게 됐습니다. 이제는 1분이라도 소홀히 할 수 없게 되었지요.

흔히 시간은 돈이라고 말합니다. 우리는 문화적으로 시간을 낭비한다는 생각을 싫어하게 되었고, 종종 시간에 쫓기거나 시간과 싸우고 있는 자신을 발견하게 됩니다.

시간은 제 시간에 일을 끝내는 높은 생산성과 연결됩니다. 미국인들은 휴가 가는 것에 미안함을 느끼기도 합니다. 빈둥거리는 것은 거의 죄악시됩니다.

하지만 정말로 시간을 낭비하는 것은 무엇일까요? 객관적으로 우리가 갖고 있는 유일한 시간은 우리가 살고 있는 지금 이 순간뿐입니다. 무엇이 지금 이 순간이 낭비되고 있는지 그렇지 않은지를 결정합니까?

시인 제임스 라이트는 <미네소타 파인 섬의 윌리엄 더피 농장에서 해먹에 누워>란 시에서 똑같은 질문을 던졌습니다. 그는 그물 침대에 누워서 나무 밑동에 앉아 있는 청동색 나비를 보고 있었습니다. 그의 귀는 오후 무렵 멀리에서 들려오는 소의 워낭소리를 향해 열려 있었습니다.

말똥가리가 둥지를 찾아 공중을 떠도네.

나는 인생을 낭비해왔구나.

해먹에 누워 있다는 것은 아무것도, 기꺼이 아무것도 하지 않겠다는 것을 완벽하게 비유한 것입니다. 모든 의무와 책임을 버리고 지금까지의 노력을 내려놓은 채 편안하게 있겠다는 것입니다.

우리는 이런 종류의 사치를 스스로에게 너무 적게 허용합니다. 손가락 사이로 우리 삶이 스르르 빠져나갈까 두려워하기 때문일 겁니다. 힘이 빠지고 모든 의지를 잃게 될까봐 두려워하기 때문입니다.

더 심하게 말하면, 뭔가 쓸모 있는 일을 하지 못하게 된다면 우리 중 많은 이들이 삶을 끝내려고 할지도 모릅니다.

심리학적으로 자아는 시간에 뿌리를 두고 있습니다. 자아는 어디론가, 아니 어디로든 향하고 있는 여정에 있다고 느끼려고 합니다. 그 여정이 자아에게 존재감과 연속성을 제공합니다.

어딘가로 가고 있지 않다면 자아는 현재에 대해, 존재의 의미가 없어지는 것에 대해, 두려움을 느끼게 됩니다. 발밑이 텅 비어 있다는 두려움 말입니다.

우리들 각자의 여정은 문화적인 규범에 의해 강화됩니다. 우리의 문화는 효용성에 지나치게 집착하는 나머지 잠시라도 게을러지면 스스로 시간과 인생을 낭비하고 있다고 생각하기 쉽습니다.

모든 사람들은 기회를 얻어 인생을 제대로 살기를 바랍니다. 대개는 구체적인 결과가 나오는 돈벌이 활동에 몸을 던지는 것을 의미합니다. 해먹에 늘어져서 게으름을 피우는 식은 분명히 아니죠. 아마 패배자나 환자들은 그럴지도 모릅니다.

그러나 제임스 라이트가 생각한 바는 달랐습

니다. 인생을 제대로 산다는 것은 그날 그물 침대에 누워 있을 때 느꼈던 살아있음과 명료함, 편안함을 경험하는 것을 의미합니다.

그의 시는 그가 현재의 경험을 어떻게 인식하고, 어떻게 과거의 자신과 연결하는지를 보여줍니다. 종일 해먹에 누워 있고 싶다는 뜻이 아닙니다.

그가 그곳에서 느낀 평온함과 평정심은 그가 알고 있는 충만한 삶에 가장 가까운 것이었습니다. 잘 산다는 것은 생산성보다는 매 순간 알게 되는 경험의 질에 의해 결정되는 것임을 의미합니다.

그는 해먹에서 이런 순간들을 스스로에게 얼마나 인색하게 베풀었는지 생각하게 되었습니다. 낭비된 삶이란 순수한, 의식적인 현존의 순간들로 채워지지 않은 삶이라는 것을 깨달았습니다.

제임스 라이트의 시는 인터넷이 생기기 전에

쓰여진 것입니다. 지금 이 시대는 집중하는 데 방해되는 것 없이 해먹에 누워 있거나 그에 상응하는 일을 하는 것이 더 어려워졌습니다. 최근에 핸드폰 없이 마루나 소파에 누워 본 게 언제였습니까?

누구나처럼 저 역시 쉽게 산만해집니다. 그래서 글을 쓰는 동안에는 이메일도 거의 확인하지 않습니다. 그런데 우연히 몇 분 전에 체크를 했더니, 운 좋게도 <행복 뇌 접속(Hardwiring Happiness)>의 저자인 릭 핸슨에게서 메일이 와 있었습니다. 그가 보낸 뉴스레터였는데, 글의 제목은 '짐을 내려놓으라'였습니다. 릭은 이렇게 말했습니다.

"일을 성사시키는 것은 선진국들, 특히 미국에서 마치 세속종교가 된 것처럼 보인다. 미국에서는 일이라는 제단 앞에 바치기 위해 다른 것들을 일상적으로 희생한다. 나 역시 같은 방식으로 살고 있다. 나의 억누르기 어려운 욕망이자 큰 중독은 해야 할 일을 적은 목록에서 방금 해치운 일을 줄을 그어 지우는 것이다."

해야 할 일을 적은 목록에 문제가 있는 게 아닙니다. 릭이 말했듯이, 문제는 뭔가를 끝내야 한다는 우리의 강박적인 중독입니다.

삶의 질을 결정하는 것은 우리가 하는 일이 아니라 일을 하는 방식입니다. 해야 할 일을 향해 돌진할 때 우리는 그 일을 끝내고 나면 기분이 좋아질 거라고 상상합니다.

그러나 실상은 그렇지 않지요. 해야 할 또 다른 일이 항상 기다리고 있으니까요. 해야 할 일을 적은 목록은 끝이 없으니까요.

강박적으로 우리는 점점 멀어지는 미래에 온통 신경을 고정시키게 되고, 그래서 비어 있는 채로 남아있는 현재라는 공간을 외면하게 됩니다.

그럼에도 심리학적 자아인 에고가 조금이라도 진척이 있다고 느낀다는 점은 중요합니다. 그래야 골대가 미래로 계속해서 더 멀리 밀려날 테니까요.

150여 년 전에 키에르케고르는 스스로를 바쁘게 만듦으로써 현재로부터 도망치려는 충동이 불행의 가장 큰 원인이라고 주장했습니다. 우리는 어릴 때부터 일찍 쳇바퀴 위에 올라갑니다.

자아가 발달하면서 우리는 지루한 시간과 아무 일도 일어나지 않는 순간들을 점점 더 견디지 못하게 됩니다. 무엇을 하면서 시간을 보내야 할지도 모릅니다.

즉, 아무 일도 생기지 않을 때 우리는 자신이 노력하고 있지 않다고 느낍니다. 산책길에 휴대전화를 들고 가고 싶은 마음을 억누를 수 있나요? 30분간 아무것도 하지 않고 조용히 앉아 있을 수 있나요?

자기 자신의 존재를 느껴보는 것이야말로 스스로에게 줄 수 있는 가장 값진 선물입니다. 꽉 막힌 도로 위에 갇혀 있을 때, 계산대 앞에서 줄을 서고 있을 때, 공항 라운지에서 대기하고 있을 때, 그런 비어 있는 순간들이 때로는 우리에게 선물이 될 수 있습니다.

그런 순간들에서 달아나지 말고 그 안에서 잠시 쉬며 그 순간들이 우리를 데려가는 대로 따라가 보십시오. 그 순간들이 우리를 무의식에서 생성되는 창의적인 아이디어, 영감의 원천과 연결시켜 줄 겁니다.

작가들은 이런 경험을 잘 압니다. 저 역시 글 쓰는 시간 대부분을 소파에 누워 창밖을 내다보거나, 방 안을 돌아다니거나, 숲에서 산책을 하며 보냅니다.

컴퓨터 모니터는 오랫동안 아무 글씨도 없이 텅 빈 상태로 있다가 가끔씩 문이 열리듯 단어들이 모니터 위로 쏟아져 내립니다. 말하자면 어떤 때는 아무것도 하지 않는 게 최선일 때도 있습니다.

작가이자 환경운동가인 존 뮤어는 말합니다.

"나는 간단하게 산책을 하러 집을 나서지만 결국엔 해가 질 때까지 야외에 있곤 한다. 밖으로 나간다는 것은 사실은 내 안으로 들어가는 것임을 알게 됐다."

인류의 위대한 예술과 철학에서 가장 영속적인 개념은, 그리고 과학 기술에서 모든 획기적인 발전의 불꽃은 사색을 하는 명상의 순간에 시작되었습니다. 마음속 세계 안의 절대적인 존재와 그 바깥의 삶에 관심을 기울이고 숙고하는 순간이 기폭제가 됩니다.

갈릴레오가 성당 천장에서 흔들리던 샹들리에를 관찰하다가 괘종시계의 원리를 발견한 것, 올리버 색스가 노르웨이의 피오르드를 걷다가 인간의 뇌에 미치는 음악의 힘에 관해 중대한 통찰력을 갖게 된 것이 그 예입니다.

'여가'라는 단어의 원래 의미는 사색적인 명상입니다. '여가(leisure)'의 어원인 그리스어 '스콜레(scole)'가 라틴어 '스콜라(scola)'로 쓰이게 됐고, 여기서 영어의 '스쿨(school)'이라는 단어가 나오게 됩니다.

학교나 대학은 일자리를 얻기 위해 준비하는 곳이 아니라 본디 여가를 보내거나 명상과 관련된 활동을 하는 공간으로 만들어졌다는 뜻입니다.

중세시대의 절정기와 르네상스 시대에 여가란 미술과 음악, 철학을 통해 인간의 존재에 관해 곰곰이 생각하는 능력을 의미했습니다.

여가는 영혼을 위한 전제 조건입니다. 마음이 느슨해지는 나태함과 혼동되어서는 안 됩니다. 제임스 라이트는 그물 침대에서 게으름을 피우고 있었던 것이 아닙니다. 여가를 누리고 있었

뭔가를 성급하게 하다 보면
육체적으로 지칠 뿐 아니라
심리적인 에너지까지 고갈됩니다.
그 다음엔 모든 통제력과
선택 기준을 잃게 됩니다.

던 것입니다.

베네딕트회 수도자이자 심리학자인 다비드 슈타인들 라스트는 시간과 영원이 공존하듯, 여가와 일을 따로 분리할 필요가 없다고 지적합니다. 여가처럼 일한다는 것은 일에 대한 최고의 찬사입니다.

"여가는 짬을 낼 수 있는 사람들의 특권이 아니다. 시간을 들여 할 만한 모든 일에 시간을 쓰는 사람들의 미덕이다."

일을 끝내려고 서두르는 강박적인 행동은 시간을 때우는 것에 지나지 않습니다. 여가 활동은 시간을 흥미롭고 활기차게 만듭니다. 여가는 시간을 초월한 영원함과 우리를 이어주기 때문입니다. 어떤 장르건 예술가라면 이 말을 이해할 겁니다.

요리사들도 그렇습니다. 아무리 후하게 점수

를 준다고 해도 제 자신을 요리사라고 할 수는 없지만, 저는 요리를 좋아하고 새 요리법을 개발하기도 합니다. 채소 껍질을 벗길 때나 양상추를 씻을 때 연어를 썰 때, 저는 완성될 요리에 대한 기대감보다는 손가락 사이로 졸졸 흐르는 물, 연어에서 나는 바다 내음, 양상추의 물기를 털 때 야채 탈수기에서 나는 윙 하는 소리에서 더 큰 즐거움을 얻습니다.

여가는 기쁨에 즐거움을 더하고, 즐거움은 행위와 존재가 교차하면서 그 일에 완전히 몰입했을 때 얻을 수 있습니다.

서두르는 것은 즐겁지 않습니다. 우리는 언제나 우리 자신보다 적어도 한 발짝 앞서 있습니다. 그 간격을 따라잡으려고 쉴 새 없이 안간힘을 씁니다. 서두르는 것은 창의적인 뮤즈가 영감을 주는 말을 건넬 의식의 빈틈을 막아 버립니다.

뭔가를 성급하게 하다 보면 육체적으로 지칠

뿐 아니라 심리적인 에너지까지 고갈됩니다. 시간이 흐르면 정신이 피로해질 겁니다. 특히 이 일은 내가 원하니까 해야만 하고, 저 일은 옳은 일이니까 해야만 하고, 그 일은 다른 사람들이 바라니까 해야만 한다고 자신에게 말할 때 그럴 겁니다. 그렇게 되면 통제력은 물론 선택 과정에서 필요한 예리한 감각도 잃게 됩니다.

외적으로는 물론이고 마음속에서도 집착에 빠지는 일이 생깁니다. 끊임없이 생각이 들끓고 여러 감정이 반복되는 거죠.

겉으로 보기에는 그저 창밖을 바라보고 있거나 해먹에 누워 있는 것처럼 보이지만 마음속에서는 과거나 미래를 헤매며 정신적으로 갈팡질팡하고 있을 수도 있습니다.

그러면 현재의 순간이 모호해져 충만함과 생동감의 근원, 즉 '고요한 의식적 현존'으로 향하는 문을 찾기 어렵습니다.

이전 일들을 놓아 버리지 않으면 과거와 씨름

하게 됩니다. 강아지가 뼈를 갉작거리는 것처럼, 이미 단물이 빠지고 말라 버린 껌을 계속해서 씹는 것처럼 과거를 되새기면서 말이죠. 머릿속에 해답도 없이 똑같은 시나리오가 되풀이해서 떠오를 때 우리는 과거와 싸우고 있는 것입니다.

그럼, 과거에 대한 생각을 절대 하지 말아야 한다는 것일까요? 물론 아닙니다. 불가능한 일이기도 하고요. 스파게티 기계가 면을 뽑아내는 것처럼 우리 머리는 과거와 미래에 대한 생각을 쏟아냅니다. 그게 머리가 해야 할 일이기도 합니다.

과거는 앞으로의 여정에 안전장치가 되기도 하고, 우리의 이야기를 이어주기도 합니다. 우리가 살아가는 한 이야기는 꼭 필요하지요. 다만 얼마나 살짝, 아니면 얼마나 꽉 그 이야기에 매달리느냐에 따라 결과가 달라집니다.

문제는 과거가 아니라 과거를 고집하고 반복

하는 우리의 방식에 있습니다. 대부분은 자신에게 잘못된 정체성과 실체감을 심어주기 위해 우리는 그렇게 합니다.

과거 이야기가 현재의 관심을 사로잡을 때 문제가 생깁니다. 현재의 삶에 전력을 다하는 것을 가로막기 때문입니다.

이 병의 증상은 과거의 생각이나 감정을 되새기며 걱정과 후회를 하는 것입니다. 현재에 집중하는 것을 방해할 만큼 그렇게까지 과거가 큰 영향을 끼치면 곤란합니다.

만약 현재의 이 순간에 주의를 집중한다면, 고요함 속으로 침잠하는 방법을 기억한다면, 과거는 필요할 때 꺼내 쓸 수 있는 기억의 창고로써 당장이라도 아주 유용한 도움이 될 수 있습니다.

마찬가지로 미래도 문제가 되지 않습니다. 미래에 대한 계획과 환상이 현재를 집어삼켜 현실의 삶 대신 꿈속에서 살게 할 정도만 아니라면 말입니다.

물론 장래를 대비해 미리 생각을 해 두는 능력은 인간 정신의 가장 큰 선물 중 하나입니다. 위대한 문명은 모두 미래에 대해 상상하고, 그 상상력이 만든 시나리오대로 노력한 결과물입니다. 사업 계획 없이 성공한 사업은 없습니다.

미래가 문제가 되는 경우는 딱 하나입니다. 안전에 대한 욕구 때문에 나중에 일어날지도 모르는 일을 미리 걱정할 때입니다.

누구나 이런 비슷한 경험이 있을 겁니다. 예약을 해두고 오랫동안 고대했던 식사를 마쳤는데, 그 뒤에 있을 미팅 때문에 초조해져 한입도 제대로 즐기지 못한 일들 있지 않습니까?

미래에 대한 계획을 세우지 말라는 이야기가 아닙니다. 미래에 대한 계획에 너무 많은 것을 바란다는 것을 말하는 것입니다.

미래에 일어날 일이 '행복 호르몬' 옥시토신을 한 시간 혹은 하루 이틀 동안 치솟게 할 수도 있겠지요. 그러나 지금 느끼고 있는 결핍감을 충족시키지는 못할 겁니다. 무엇인가 결여됐다고 느끼는 것은 지금 이 순간에만 사용할 수 있는 유일한 만족을 경험하지 못하고 있기 때문입니다. 미래를 향해 자신보다 항상 앞서 달리거나 과거만 되새기고 있다면 앞으로도 결코 그 만족감을 경험하지 못할 겁니다.

인간의 위대함은 정적이면서 동적이고, 유한한 동시에 영원한 세계에 산다는 것입니다. 굳이 자기 안의 침묵과 관대함, 깨달음에 다다를 필요는 없습니다. 이곳에 이미 시간의 중심에 깃들어 있는 고요함이 있다는 것을 깨달으면 됩니다. 이는 긴 여정을 통해서가 아니라 직접적인 경험을 통해 가능한 일입니다.

시간과의 싸움을 멈추는 것은 당신이 반드시 해야만 하는 일이 아닙니다. 자연스럽게 무의식적으로 긴장을 풀고, 이미 존재하는 것에게 몸을 맡기는 것입니다. 매일 매일 경험으로 우리 중심에 고요함이 있음을 인식할 때 더 쉽게 숨 쉴 수 있고, 하루하루도 다르게 시작될 것입니다. 멈춰 있으면서 움직인다는 것은 시간이 흐르고 있는 순간에 시간의 끝을 아는 것입니다.

Chapter 06

변하려고
아등바등하지
않습니다

이제 잔치는 끝났소. 우리의 이 배우들은,

내가 말했듯이, 모두 정령이었으며,

허공 속으로, 희미한 허공 속으로 녹아 들어간다네.

그리고 이 근거 없는 환영처럼,

구름 모자를 쓴 탑들, 찬란한 궁전들,

장엄한 신전들, 거대한 지구 자체,

그래, 지구가 물려받은 그 모든 것들도, 사라질 것이오.

그리고 이 공허한 가장행렬이 사라지는 것처럼,

구름 한 점 남지 않으리.

우리는 꿈으로 이루어졌고,

우리의 짧은 삶은 잠으로 둘러싸여 있다네.

-셰익스피어, <폭풍우> 4막 1장

셰익스피어의 시 <폭풍우>의 이 대목을 읽을 때, 사람들은 '거대한 지구 자체'라는 표현을 흔히 '세상'을 의미하는 것으로 받아들일 겁니다. 그 해석이 맞기는 합니다만 부분적으로만 그렇습니다.

'지구'라는 뜻의 '글로브(globe)'는 셰익스피어의 작품을 상연하는 극장 이름이기도 했기 때문입니다.

템즈강 남쪽 런던의 사우스 뱅크 지역에 있었던 극장은 셰익스피어와 동료들이 열심히 일한 덕분에 1599년 첫 번째 작품을 올린 이래 성공을 거두고 있었습니다.

<폭풍우>는 1611년 11월 그곳에서 초연됐지요. 하지만 앞에서 발췌한 <폭풍우>의 대사가 처음으로 글로브의 무대에 울려 퍼진 후 불과 18개월 뒤, 극장은 화재로 모두 타버렸습니다.

셰익스피어의 대사는 선견지명이 있고, 그의 모든 희곡들은 삶과 만물의 덧없음에 대한 깊은 인식을 드러냅니다.

그는 1596년 흑사병으로 아들 햄닛을 잃은 것으로 알려져 있습니다. 아들이 죽은 후 1~2년 뒤에 완성된 햄릿이 그의 작품 중 단연코 가장 자기 성찰적이며 심리학적인 희곡으로 꼽히는 것도 우연이 아닙니다.

셰익스피어는 또 열네 살 때 여동생 앤이 세상을 떠나는 일을 겪었습니다. 당시에는 아이들 3명 중 1명이 열 살이 되기 전에 죽었습니다. 오늘날과는 다르게 언제나 죽음이 가까이 있었습니다.

지금도 그렇지만 그 후로 세상은 빠르게 변했습니다. 셰익스피어의 시대에 영국은 1000년 동안 지켜온 가톨릭 신앙과 관습을 버렸고, 가톨릭은 갑자기 국가의 적이 되었습니다. 셰익스피어의 집안은 대대로 독실한 가톨릭이었기 때문에 주변의 의심으로부터 자유로울 수 없었습니다.

영국은 곳곳에 밀고자가 도사리고 있는 경찰 국가가 되었습니다. 그러다 메리 1세가 왕위에 오르면서 5년간 가톨릭 신자들의 사형 집행이 유예되고, 신교도들이 화형대에서 목숨을 잃었습니다.

메리 1세가 죽자 다시 모든 것이 뒤바뀌었고, 영국은 가톨릭에서 성공회로 되돌아왔습니다. 겨우 몇 년 사이에 벌어진 이 일들은 영국에 극심한 상처를 남긴 문화 충격이었고, 일반 대중의 세계관을 뿌리째 뒤흔들었습니다.

셰익스피어는 그 충격을 그저 감내하지만은
않았습니다. 충격을 받아들여 예술로 승화시키
고, 힘들게 얻은 지혜와 열정을 작품에 구현해
존경을 받았습니다.

그는 종교 경전이나 철학책을 통해 배운 것이
아니라 직감으로 알았습니다. 이 세상과 그 안
에 있는 모든 것, 우리가 소중하게 여기는 사람
들이, 당신이 이 책을 읽고 있는 지금 이 순간에
도 벌써 떠나가고 있다는 것을 말입니다.

저의 이 이야기도 변하기 쉬운 보잘 것 없는
임시변통에 불과합니다. 흰 종이에 쓰면 글씨가
나타났다 사라지는 마법의 펜으로 쓴 말들처럼
지금 이 순간의 생각은 이미 새로운 생각들로
바뀌고 있습니다.

우리가 오감(五感)을 통해 감지하는 바깥세상

은 만화경 같이 변화무쌍해 이해하기 어렵습니다. 우리 내면의 세계도 그렇습니다. 생각과 느낌, 기분을 함께 묶어주는 통일된 정체성 없이 계속 모두 변하고 있으니까요.

셰익스피어는 더 나아가 앞에서 소개한 <폭풍우>에서 '우리는 꿈으로 이루어졌다'고 썼습니다. 그가 보는 우리 자신은 그저 꿈이라는 것입니다.

어딘가에 앉아서 이런 생각을 하고, 저런 감정을 느끼고, 인생이라는 배의 키를 잡고 있는 '나'라는 존재는 없습니다. 우리가 우리 자신이라고 생각하는 것 중에 꿈속에서 스쳐가는 이미지만큼 실체에 가까운 것은 아무것도 없습니다. 그런 이미지조차 우리가 죽어서 꿈이 끝날 때에는 사라져 버리겠지요.

오늘날의 우리에게 이런 개념은 불교 철학으로 친숙하지만 17세기 기독교 세계관 속에서 살았던 셰익스피어는 어떻게 이런 생각을 했을까요? 특정 전통이나 특정한 사람만이 진리를 추구할 특권을 가진 것은 아닌가 봅니다. 시간과 장소에 구애받지 않고, 꿈과 같은 우리의 본질과 진짜 정체성을 꿰뚫어본 사람들은 어디에나 있었던 것입니다.

셰익스피어가 죽은 지 약 100년 후에 태어난 데이비드 흄이라는 영국 철학자가 있습니다. 18세기 계몽운동의 개척자 중 한 명인 그는 "내가 나 자신의 심층에 들어갔을 때, 나는 언제나 어떤 특정한 지각들, 즉 뜨거움 또는 차가움, 빛 또는 그림자, 사랑 또는 증오, 고통 또는 쾌락 등과 만나게 된다. 지각 없이는 나 자신을 잠시도 포착할 수 없고, 지각 없이는 어떤 것도 관찰할 수 없다"고 했습니다.

변화 자체는 우리가 확신할 수 있는 것입니다. 무엇이든 바뀐 건 금방 눈에 띄니까요. 우리 모

남의 시선을 의식하며 움직이기보다
물 흐르듯 나아가는 편이 좋습니다.
그러다 보면 굳어져 버린 신념과
의무에 얽매이는 대신
그 흐름 속에서 우리가 누구이고
어디로 가는지를
유연하게 느끼게 됩니다.

두 여기까지는 알고 있습니다. 정작 변화가 눈앞에 닥쳤을 때 우리가 모른다는 게 문제이죠. 그게 아니라면 최소한 우리가 이미 알고 있는 것처럼 행동하지 못한다고나 할까요.

우리는 자기 자신의 이야기의 주인공으로서 수년간 일터에서, 가정에서, 세상 속 우리 위치에서 안정감을 느끼며 살아왔을지 모릅니다. 어쩌면 고통과 부당함, 불운한 이야기 속에서 수십 년 살아오면서 그 나름의 안정감을 찾았을 수도 있습니다.

어느 쪽이든 그 이야기를 믿다 보면 자신에 관한 확고한 정체성을 구축하게 되고, 결과적으로 안정감이라는 착각을 갖게 됩니다. 그러나 우리가 경험상 알고 있듯이, 이 안정감은 카드로 만든 장난감 집처럼 언제든 무너지기 쉽습니다.

상황이 아무리 장밋빛으로 보이더라도 잠재의식 속 깊은 곳에는 다음에 어떤 일이 벌어질까 하는 불안감이 끊임없이 넘치기 때문입니다.

우리 삶은 이미, 바로 이 순간에도 손가락 사이로 스르르 빠져 나가고 있습니다. 그래서 우리에게 익숙한 것이 하나도 남아 있지 않을 때 과연 삶은 계속될까요? 식은땀을 흘리지 않고 또 하루를 살 수 있을까요?

우리는 우리의 삶을 통과해 가는 모든 것에 머리를 숙일 수 있습니다. 바로 이 순간 우리를 살아가게 해주는 불가사의한 삶의 지혜에게 모든 것을 맡길 수도 있습니다.

만약 그것이 슬픔이라면, 슬픔과 친구가 되세요. 슬픔이라는 바다에 빠지지 말고 그 안에서 헤엄을 치는 겁니다.

나오미 시햅 나이는 그녀의 아름다운 시 <정(情)>에서 만약 정에 대해 진정으로 알고 싶다면 이렇게 해야 한다고 말합니다.

많은 것들을 잃어 보고,

소금이 싱거운 수프에 녹아 버리듯

미래가 한 순간에 흩어져 사라지는 것을 느껴 보길 바
래요.

시인은 왜 이렇게 말했을까요? 상실을 경험하
게 되면 우리가 잃어버린 소중한 사람뿐 아니라
인류 전체에게 더 가까이 다가가게 되기 때문입
니다.

누구나 이런 상실을 겪어봤거나 겪게 될 것입
니다. 상실은 마음을 열게 하고, 마음이 열리면
우리는 우리 자신과 세상에 정을 느끼게 됩니다.

사랑, 상실, 이별, 죽음 같은 인생의 주요한 테
마를 다루는 데에 있어서 시는 종교 경전보다
뛰어날 때가 있습니다. 마음속 깊이 진실이 파
고드는 경험을 풀어놓기 때문입니다. 시는 정신
을 일깨우는 진리의 글보다 더 반짝이는 이미지
로 상상력을 채워줍니다.

릴케는 그의 <오르페우스에게 바치는 소네트>
에서 이렇게 주장합니다.

변화를 원하라. 불꽃에 열광하라.
그 속에서 사물은 그대를 떠나 화려하게 모습을
바꾸리라.

릴케는 왜 우리에게 변화를 원하라고 할까요?
변화는 있는 그대로의 것이기 때문입니다. 우리
는 무엇이 우리에게 좋고 무엇이 그렇지 않은지
판단하고, 그 판단에 따라 생각을 정리하고 계
획을 세웁니다.

그러나 인생은 우리가 원하는 것과 상관없이
인생이 해야 할 바를 합니다. 그래서 릴케는 연
속되는 상황과 사건들 너머에 있는, 변화 그 자
체라는 본질적인 사실을 생각해 보라며 채근하
는 겁니다. 변화를 원할 때, 우리는 이미 진행되
고 있는 변화와 보조를 맞추게 됩니다.

남의 시선을 의식하며 움직이기보다는 물 흐르듯 나아가는 편이 좋습니다. 그러다 보면 굳어져 버린 신념과 의무에 얽매이는 대신 그 흐름 속에서 우리가 누구이고 어디로 가는지를 유연하게 느끼게 됩니다.

우리를 둘러싼 주변 환경과 조건에도 더 순조롭게 반응하게 됩니다. 변화의 흐름 속에서 자기 자신을 잊게 되고 깊숙이 넣어두었던 기억이 떠오르게 됩니다. 그 기억은 항상 더 위대한 삶과 연결되어 있으며, 추상적이고 고아한 개념이 아니라 매순간의 경험을 담고 있습니다.

그래서 릴케는 우리에게 이미 시작된 변화를 갈구하도록 격려하며, 그 변화가 무엇이든 흔쾌히 받아들이기를 권합니다.

설사 이혼과정을 밟고 있더라도, 실직을 했더라도, 죽어가고 있더라도 순리에 맡기는 겁니다. 이 모든 게 당연히 쉽지 않은 일입니다. 손가락 사이에서 으스러지는 포도처럼 가슴이 찢어지고 손발이 찢기는 고통은 그 누구도 기꺼이 감수할 수 없지요.

자아는 이제껏 정성을 다해 지켜온 나만의 이야기를 포기하는 데 동의하지 않을 겁니다. 그렇기 때문에 희생을 감당하는 추진력은 에고가 아니라 '깨어 있는 마음(awareness)'과 관련이 있는 우리 내부의 다른 곳에서 옵니다.

아무리 아프고 괴롭더라도, 또 무고한 희생양처럼 보이더라도, 진행되고 있는 변화는 기정사실이고 필요하며, 불가피하고, 따라서 궁극적으로 선한 것임을 알기 때문입니다.

릴케는 불꽃이 사라질 때 모든 것이 더 밝게 빛난다고 노래했습니다. 그의 시는 상실을 경험한 많은 이들이 알고 있는 것을 파워풀하게 시선을 사로잡는 이미지로 포착해냈습니다. 우리의 삶, 사랑하는 사람은, 우리가 잃어버린 것과 더 이상 함께할 수 없다는 것을 깨달을 때 얼마나 더욱더 소중해지는지요.

저는 평생 앓아본 적도 없고, 2012년 전까지는 병원에 입원한 적도 없었습니다. 그런데 우연히 심장에서 온몸으로 혈액을 보내는 대동맥 위쪽에서 동맥류가 발견됐습니다.

만약 제때 심장 절개 수술을 받지 않았다면 아마 동맥 파열로 작별인사도 못하고 세상을 떠났을 겁니다.

그런데 수술을 했는데도 건강해지는 게 아니라 점점 더 약해졌습니다. 뒤늦게 폐 한쪽에 혈전이 있는 걸 알게 됐습니다. 심낭에는 물이 차기 시작했습니다. 심낭의 물을 빼기 위해 다른 병원에서 외과 의사들이 달려왔습니다. 30분만 늦었어도 죽었을지 모릅니다.

환자를 옮기는 바퀴 달린 침대에 누워 외과 전문의들이 도착하기를 기다리면서, 저를 데리고 온 소중한 친구 제니퍼 웰우드와 팔덴 알리오토를 가만히 바라보았습니다. 마음은 평온했습니다. 진심으로 친구들과 저를 둘러싸고 있는 의사들과 간호사들에 대한 사랑을 느꼈노라고 말할 수 있습니다.

그 사랑은 감정적인 것도, 개념적인 것도 아니었습니다. 다른 생각은 전혀 할 수 없는 한 치도 거부할 수 없는 사랑이었습니다.

이런 반응을 해야겠다고 의도한 것이 아니라 그냥 그렇게 된 겁니다. 이 다음에 어떤 일이 벌어질까 생각하며 두려워하지 않은 것은 신의 은총 덕분이었습니다. 이 다음은 없었습니다. 파란색 환자복을 걸치고 침대에 누워 친구들을 응시하는 그 순간만 있었을 뿐입니다.

의사들이 심낭에서 물을 빼기 전이었는데도 누군가 수도꼭지를 튼 것처럼 온 몸에 에너지가 넘쳐났고, 저는 감사하는 마음을 갖게 되었습니다. 수술실에서 무슨 일이 일어나더라도 모든 것이 정말 좋아질 것이라는 것을 내적인 깨달음을 통해 알 것 같았습니다.

그러나 어떤 형태로든 그때처럼 언젠가 큰 상실을 경험하리라는 것을 알기에 이제 더 이상 착각에 빠지지 않습니다.

어쩌면 겁에 질린 나머지 마음 밑바닥부터 통째로 뒤흔들려 꼼짝 못할 수도 있겠지요. 사실, 잘 모르겠습니다. 매 순간은 새로운 순간이기 때문입니다.

중요한 점은 어떤 상실을 겪었든 간에 잃어버린 것을 인정하는 것입니다. 상실감을 극복하기 위해 잃어버린 것을 축소하거나 회피하지도, 합리화하거나 정신적인 의미로 해석하지도 않는 것입니다.

그리스 시인 콘스탄틴 카바피는 그의 장엄한 시 <신이 안토니우스를 버리네>에서 안토니우스와 클레오파트라에게 경고합니다. 그들은 사랑했던 도시 알렉산드리아를 잃었고, 안토니우스는 자신의 수호신이었던 술과 노래의 신 디오니소스의 가호마저 잃었습니다.

카바피는 안토니우스를 통해 다음에 무슨 일이 벌어질지 생각하지 말고, 가장 소중한 것을 잃는 경험을 온전히 느끼기를 원했습니다.

> 무엇보다 스스로를 속이지 말라.
> 단지 꿈일 뿐이라고, 귀가 잘못 들은 것이라고
> 자신에게 말하지 말라.
> 그런 헛된 희망으로 스스로 비굴해지지 말라.

카바피는 안토니우스에게 멀어져 가는 현실을 진지한 감정으로 바라보라고 충고합니다. 진지한 감정이란 행동을 취하라는 의미가 아닙니다. 크나큰 상실의 화염이 심장에서부터 온몸으로 퍼지도록, 떠나간 것을 기꺼이 인정하라는 뜻입니다.

신이나 연인, 심지어 적과 흥정하려고 시도하

중요한 점은 어떤 상실을 겪었든 간에
잃어버린 것을 인정하는 것입니다.
상실감을 극복하려는 시도를 통해
잃어버린 부분을 축소하거나 회피하거나,
합리화하거나 정신적인 의미로
해석하지 않는 것입니다.

는 대신, 자신이 선택한 대로 현실을 만들 수 있다는 생각을 따르는 대신, 진지한 감정을 갖고 지금을 받아들이라는 뜻입니다. 어두운 겨울날 진정한 삶을 밝혀줄 불씨를 품듯이 자신의 인생 행로에 귀를 기울이라는 뜻입니다.

카바피는 마르쿠스 안토니우스에게, 더 나아가 독자들에게, 우리에게, 가장 중요한 인간의 존엄성을 상기시키고 있습니다.

우리가 알고 싶어 하는 가장 큰 변화는 언제 노년이, 질병이, 죽음이 문을 두드릴까 하는 것일 겁니다.

또한 우리와 가까운 누군가에게 언제 그런 일이 찾아올까 하는 것이겠지요. 우리에게 그런 일이 일어나서는 안 된다고, 그럴 수는 없다고 생각할 겁니다.

삶에는 기한이 있다는 것을 알고 있음에도, 매일 누군가는 사고로 팔다리를 잃고 죽는다는 것을 알고 있음에도, 자신의 신체적·정신적 능력에 갑작스런 변화가 생겼을 때 보이는 첫 번째 반응은 불신입니다. 충실한 하인처럼 익숙했던 몸과 마음이 잠시 동안 혹은 영원히 파업을 하게 된다면 충격일 수밖에 없을 겁니다.

만약 우리가 아프거나 운동기능 또는 기억의 일부를 잃는다면 어떨까요? 이때 내려놓음이라는 영적인 지혜는, 살고자 하는 노력을 멈추고 그저 자연에 맡겨 두는 걸 의미할까요? 약을 먹지 않는 채 견디는 것을 의미하는 걸까요?

삶의 지혜를 믿는다는 것은 우리 스스로를 돌보는 조치를 하지 않는다는 의미일까요?

베트남 출신의 저명한 승려이자 평화운동가이자 시인인 틱낫한은 2014년 88세 때에 심각한 뇌졸중으로 쓰러졌습니다. 신체 대부분이 마비돼 말하는 것조차 불가능한 상태가 되었습니다.

물리치료사들은 그를 위한 치료 프로그램을

만들었습니다. 치료를 시작하자 그는 아주 의욕적이었고 열심이었다고 합니다. 제자들은 그를 '태이(Thay·베트남어로 스승)'라고 부르는데, 문하생에게 보낸 뉴스레터에 이렇게 썼습니다.

"태이의 물리치료 과정을 준비하면서 우리는 그의 보디랭귀지에서 즐거운 결의를 읽을 수 있었습니다. 우리가 '자, 물리치료 받을 준비를 합시다'라고 하면 태이는 웃으며 주먹을 들어 보이는 겁니다. '그래, 해보자!'라고 말하는 것처럼."

제자들은 서양의학과 한의학, 정통의학과 대체의학을 망라해 가장 좋은 치료를 받을 수 있도록 그를 프랑스 명상센터에서 샌프란시스코로 옮겼습니다.

그는 미국 최고 수준의 병원으로 꼽히는 UCSF(University of California, San Francisco·캘리포니아 대학교 샌프란시스코 캠퍼스) 의료 센터에서 의사들의 감독과 지원 하에 물리치료, 언어치료, 접골요법, 뇌파 조절 훈련인 뉴로피드백을 받았을 뿐만 아니라 침도 매일 맞았습니다.

제자들은 뉴스레터에 이렇게 썼습니다.

태이는 우리에게 삶의 경이로움을 즐기라고 계속해서 일깨워 줍니다. 종종 파란 하늘을 가리키며 우리가 현재의 이 순간으로 온전히 돌아오게 도와줍니다. 가끔은 장난스럽게 의사나 치료사와 역할을 바꾸기도 합니다. 손가락을 입술에 대면서 그들에게 잠시 멈추도록 권하는 거지요. 그럴 때는 몸짓으로 차를 준비하게 합니다. 의사들이 '마음 챙김(mindfulness)'의 상태에서 차를 즐길 수 있는 기회를 갖게 하는 겁니다.

한 여성 치료사는 태이의 옆에 꿇어앉아 창밖을 바라보다가 소리 없이 울기 시작했습니다. 그녀는 멈춰 서서 하늘의 청명함을 제대로 감상한 것은 아마 살면서 처음이라고 했습니다.

틱낫한은 생애 마지막까지 가르침을 주며 살고 있습니다. 그는 자신의 상태를 호전시키기 위해 할 수 있는 모든 것을 열심히 하고 있습니다.

그가 내려놓았던 것은-그는 애초에 가진 적도 없었지만-그가 원하는 결과를 가져다줄 치료를 위한 투자였습니다. 그의 관심은 병세와 회복에 관한 예측에 있었던 것도 아니고, 그가 건강해지기를 바라는 미래의 어떤 날에 있었던 것도 아닙니다.

그의 관심은 평생 동안 한결같이 그와 주변 사람들의 의식 속에 부각되는 매 순간순간에 있었습니다. 건강이 심각하게 나빠져 병원에 있을 때조차 그는 다른 이들을 감화시켰습니다. 지금 이 순간이 설사 마지막 숨이 될지라도 가능한 한 충실하게 힘껏 살도록 격려했습니다.

병원에서 그가 가까스로 몇 마디를 할 수 있게 되었을 때 했던 말은 "언제나, 행복, 감사합니다"였습니다.

2016년 1월 태이는 프랑스의 명상 센터로 돌아올 수 있었습니다. 그곳에서 그는 자신의 평

생의 가르침을 직접 체현하며 삶을 이어가고 있
습니다.

Chapter 07

더 많이 알려고
아등바등하지
않습니다

이유가 없는데도 행하는 것

방법을 모르는 채 고요 속에 앉아있는 것(좌망·坐忘)

파도를 타듯 사는 것

이것이 가장 큰 덕이다.

-장자

우리가 누구인지, 어디로 가는지, 왜 이곳에 있는지 알고 있다고 생각하면 마음이 푸근해집니다. 물론 그렇겠지요. 그러나 운이 좋다면, 우리가 알고 있는 이 질문에 대한 답을 버리고 혼란을 택할 기회가 올지 모릅니다.

모든 종교는 이런 순간에 주목하고 있습니다. 중세 가톨릭 서적인 <무지의 구름(The Cloud of Unknowing)>이 그렇고, 선불교의 가르침인 '오직 모를 뿐(Only Don't Know)'이 그렇습니다.

이런 가르침들은 지혜의 말이자 통찰력을 표현한 것입니다. 또한 신비 그 자체이자 본질적으로 '알 수 없는 것'을 가리킵니다. 우리의 모든 경험이 생겨나는, 이해할 수 없는 토대이기도 합니다. 이 토대의 다른 이름은 나 자신입니다. 내가 누구인지는 오로지 경험을 통해 이해할 수 있습니다. 말문을 열지 못할 만큼 놀라운 경험이 있어야 설명할 수 있습니다.

일상생활에서 내가 누구인지는, 때때로 마음의 공백 상태에서 드러납니다. 영적 수행을 하지 않더라도 말입니다. 그런데 이런 공백 상태는 우리가 무엇을 해야 할지 모를 때, 어디로 가야할지 모를 때 형성되지요.

다시 말해 깨달음은 우리가 알려고, 이해하려고 아등바등하는 것을 멈출 때 나타납니다. 삶의 어마어마한 신비 앞에서 무력감을 느껴 무릎을 꿇게 될 때 깨달음이 찾아온다는 얘기입니다.

단테의 <신곡>은 다음과 같은 불후의 명문장으로 시작합니다.

> 인생의 노정 중반에 문득 뒤돌아보니, 나는 올바른 길을 잃고 어두운 숲 속에서 헤매고 있었다.

단테가 어두운 숲 속에서 산 너머 아득히 먼 곳에서 햇빛이 비치는 것을 본 것은, 자신이 방향을 놓쳐 길을 잃게 된 절망적인 상태에 빠졌다는 것을 인정한 직후였습니다. 그에게는 안내자나 지도, 지침서도 없었습니다.

그의 무력함, 그의 무지에서 비롯된 무언의 '앎(knowing)'은 그가 따라가야 할 방향을 가르쳐 주었습니다. 햇빛은 그의 안에서 빛나는 앎이자 태양을 비추는 거울이었습니다.

우리 안에 항상 존재하는 이런 종류의 앎은 생

각하는 마음에서 비롯되는 것이 아닙니다. 그저 알게 되는 것입니다. 이것저것을 아는 것이 아니라, 고유한 본질이 곧 앎입니다.

앎은 개념적이지 않으며, 앎의 장(場)은 생각과 감정이라는 기상관측시스템 저 너머에 펼쳐져 있는 끝없는 하늘과 같습니다. 역설적이게도, 알지 않고자 하는 마음이 그 하늘을 맑게 하고 잠시 동안 흘러가는 구름조차 없게 만듭니다.

1998년에 제 삶은 기로에 서 있었습니다. 무엇을 해야 할지 어디로 가야 할지 전혀 몰랐습니다. 제가 아는 것이라고는 이제까지 제가 살아온 방식으로는 더 이상 계속할 수 없다는 것이었습니다.

몇 달 동안 머릿속에서 곰곰이 떠올렸던 생각과 계획, 전략은 아무런 도움이 되지 않았습니다. 저는 단테의 어두운 숲 속에 있었고, 빠져나갈 길도 없었습니다.

그러던 어느 이른 봄날 아침, 꿈인 듯 생시인 듯 무언의 앎이 찾아왔습니다. 그 앎이 어떻게, 왜, 어디에서 왔는지 알지 못했습니다.

그러나 제 몸에 흘러넘치는 온기로, 본능적인 확신을 통해 제가 나고 자란 영국을 떠나 미국으로 가야 한다는 것을 알았습니다. 그냥 그렇게 갑자기 그랬습니다. 결심이나 결정을 한 것이 아니라 그럴 때가 됐다는 걸 알아차렸다고나 할까요. 전에는 한 번도 그런 생각을 한 적이 없었으니까요. 모든 게 바뀔 필요가 있다는 것은 이미 알고 있었는데 비로소 행동에 옮길 때가 된 것이지요.

그때 나이가 53세였으니, 외국으로 이주하기에는 많이 늦은 셈이었습니다. 그러나 다른 한편으로는 시간이 걸릴 일이 아니기도 했습니다.

이런 종류의 앎은 어느 날 어느 순간 저절로 생겨납니다. 평상시와는 다른 시간에 찾아옵니다. 갑자기 나타나 여름을 알리는 제비처럼 마치 덮치듯이 새로운 것들을 예고합니다.

저는 집과 12년간 정성을 쏟아 모아온 장서를 팔았습니다. 25년 동안 썼던 일기를 전부 읽고 태웠습니다. 그리고 캘리포니아 행 비행기를 탔고, 그 후로 그곳에서 새 삶을 살고 있습니다.

어쩌면 이 이야기가 다른 사람들의 삶에 비해 너무 드라마틱하고 거창하게 들릴지 모릅니다. 이전의 제 삶도 그랬으니까요.

그러나 당시에는 전혀 극적이지 않았습니다. 그게 저에게는 유일한 방법이었으니까요. 저는 제가 세운 계획이라는 키를 잡고서 제 인생이라는 배를 조종하려는 노력을 내려놓았습니다. 이전에는 생각조차 해본 적 없는 새 삶이 돛을 달도록 놓아두었습니다.

우리가 길을 찾으려는 시도를 멈추고 완벽한 혼란에 몸을 맡길 때, 우리가 알던 것과는 다른 새로운 앎이 나타날 수 있습니다.

앎(Knowing)은 능동적인 표현으로서 과정을

가리킵니다. 그러나 아는 것(knowledge)은 정적(靜的)인 명사로 오직 기억 속에 존재합니다.

구글은 언제나 우리가 흡수할 수 있는 것보다 더 많은 지식으로 우리를 안내합니다. 그러나 우리가 누구인지, 우리의 존재와 함께 깨닫게 되는 앎은 결코 보여주지 못합니다.

언어를 초월한 앎으로부터 직접 행위가 시작될 때 우리의 행동은 가장 진실해집니다. 그러면 위무위(爲無爲) 즉, '행위 없는 행위'를 가능하게 하는 더 큰 지혜로부터 행동이 우러나오게 됩니다.

노자가 말한 '위무위'란 세상에서 자신의 의지를 관철시키려는 자아와 무관한, 자연스럽고 즉흥적이며 체화된 행위를 말합니다. 자고 있다가 깨어날 때 생기는 의식의 경계는, 그런 무언의 앎이 마음속에 떠오를 수 있는 출구 중 하나입니다. 바로 1998년 어느 아침에 저에게 그런 앎이 찾아왔던 것이죠.

루미는 그의 시 <부력(Buoyancy)>에서 우리의 인생은 바다에 그 자취를 남긴다고 노래합니다.

항해는 계속되고,

어디로 향하는지 그 누가 알겠는가!

우리 각자는 앞날에 어떤 일이 기다리고 있는지 모르는 채 자신만의 흔적을 만듭니다. 그러나 루미는 그 시에서 바다는 우리가 어떤 항적(航跡)을 만드는지 신경 쓰지 않는다고 말합니다. 앎이라는 끝없는 바다는 우리가 누구이든 무엇을 하든 우리를 둘러싸 부드럽게 포용해줍니다.

루미가 시에서 얘기하듯 중요한 것은 당신이 당신 주변의 부드러운 흔들림 즉, 부력을 느끼는 것입니다. 그러고 나면 완전히 잠에서 깨어 깨닫게 되는 겁니다.

깨어나려면 바로 지금 우리가 떠있는 바다에

우리가 길을 찾으려는
시도를 멈추고
완벽한 혼란에 몸을 맡길 때,
우리가 알던 것과는
다른 새로운 앎이
나타날 수 있습니다.

의지해야 합니다. 무언의 앎을 얻으려면 우리에게 친숙한 자아를 버리기만 하면 됩니다. 이런저런 것들을 알고 있는 자아 즉, '인식아(認識我·knower)'는 전략을 세워 스스로 천국으로 가는 길을 낼 수 있다고 생각합니다. 시에서 루미는 이렇게 말합니다.

사랑은 나의 수행을 가져가 버리고
시로 나를 채우네.

루미는 그의 모든 영적인 수행을 멈췄습니다. 자신의 의지로 할 수 있는 것은 아무것도 없다는 것을 알았기 때문입니다. 그가 바다 위를 떠다닐 때, 그의 입에서 나오는 것은 오로지 시였습니다. 시는 가르침이 아니라 영감을 받은 직관에서 나오는 것입니다. 루미의 시는 바다에서 얻은 것이었습니다.

라마나 마하르쉬가 '나라는 생각(我相·the I-thought)'이라고 불렀던 자기중심적 자아의 생각이 잠시라도 사라질 때, 그래서 자기 자신에 대해 잊게 될 때, 그제야 우리는 우리의 이름 너머를 보게 됩니다. 누구의 이름이든, 무엇의 이름이든, 우리가 이름에서 벗어날 때마다 우리는 신비로 향하는 열려 있는 문 앞에 서게 됩니다. 거기에는 더 이상 당신과 나, 이것과 저것 사이의 견고한 경계가 없습니다.

작가 가브리엘 가르시아 마르케스(1927~2014. 콜롬비아 출신의 노벨문학상 수상 작가. 현실과 환상을 넘나드는 남미의 대표 소설가)는 그와 평생을 함께한 아내에 대해 이렇게 말했습니다. "아내를 너무 잘 알기에 그녀를 완벽하게 속속들이 알지 못한다." 이런 무지(unknowing) 속에서 서로의 다름은 서서히 사라지고 사랑이 솟아오르게 됩니다.

이쯤 되면 당신은 스스로에게 물어볼지도 모릅니다. 이 페이지의 단어들을 눈으로 따라 읽고 있는 사람은 누구지? 우리가 탁자라고 부르는 내 앞에 있는 이건 진짜 뭘까?

이름이란 다른 것과 구별하기 위해 붙인, 문화적으로 용인된 개념입니다. 이름을 떼어냈을 때 활기차고 순수한 생명의 끝없는 신비 외에 무엇이 남습니까?

우리가 살고 있는 이 세상에 경탄하면 할수록, 약동하는 자연 그대로의 세상과 더 친밀해지게 되고 마침내 떼어낼 수 없을 만큼 굳게 연결된 기분이 들게 됩니다. 사물의 이름 이면을 보는 순간 세상이 본질적인 아름다움 속에서 살아나듯, 나 역시 활기를 띄게 됩니다.

물론 언어는 그 자체로 경이로운 선물입니다. 언어는 우리를 인간답게 만들지요. 우리는 지식 사회에 살고 있고, 언어는 지식 기반의 사회를 가능하게 만드는 전달 수단입니다.

그러나 언어는 동시에 우리를 매혹시켜 우리 눈앞에 있는 것을 덮고 감추는 역할도 합니다. 오늘날 우리는 모든 것에 이성적인 논리를 동원하고 구글을 참고하며 의지하도록 길들여져 있습니다.

왜 우리는 알고자 하는 욕구를 버리려는 생각은 못하는 걸까요? 알고자 하는 욕구가 불과 몇천 년 사이에 우리를 돌도끼에서부터 혈관 수술을 하는 수준으로까지 인도해 왔습니다. 지금 우리가 당연하게 받아들이는 인터넷이나 우주여행, 알고리즘, 구글 어스, 포스트모던 소설, 이 모든 것이 수천 년에 걸쳐 쌓여진 방대한 양의 지식 위에서 이뤄졌습니다. 그 지식이 우리가 알고 있는 문명을 이뤘습니다.

그러나 '인식아(認識我)'의 마음 뒤에는 우리가 별로 아는 게 없는 앎의 바다가 있습니다. 그것이 바로 신경과학자들이 의식(consciousness)이라는 이름을 붙여 찾고 있는 것이지요. 의식의 본질을 발견하는 것, 의식이 뇌 기능과 독립적으로 존재하는지의 여부를 확인하는 것, 그것은 오늘날 과학계가 찾는 성배와 같습니다.

그러나 과학은 결코 우리를 사물의 이름 너머로, 특히 우리 자신의 이름 너머로 인도할 수 없습니다. 과학은 컴퓨터 모니터의 깜박이는 빛을 바라보며 단순한 관찰자의 입장에서 사물에 대해 알려줄 뿐입니다. 과학은 무엇이든 객관화할 수 있는 것을 추구하며, 관찰자로부터 거리를 둔 채 분명하게 분리할 수 있는 것에 초점을 맞춥니다.

그러나 우리가 누구인지는 경험해야 하는 것이지, 결코 객관화해서 알 수는 없는 것입니다. 뇌 스캐너로 우리의 생각과 느낌, 감각을 관찰할 수는 있습니다. 그러나 우리가 누구인지는 컴퓨터 모니터에 남는 기록과는 별개의 것입니다.

과학은 당신이 누구인지, 당신이 왜 여기에 있

는지, 당신이 어디로 가는지, 왜 가고 있는지를 결코 밝힐 수 없습니다. 과학의 영역은 객관적인 것이지, 존재의 세계처럼 본질적으로 주관적인 것이 아닙니다.

언어 역시 마찬가지입니다. 당신이 지금 읽고 있는 이 글도 마찬가지입니다. 언어는 달을 잘 알지도 못하면서 달을 가리키는 것과 같습니다.

존재라는 거대한 질문과 마주하게 되면 객관적인 입장에서 알고자 하는 욕구를 내려놓을 수밖에 없게 됩니다. 살아가는 동안 쌓아온 지식에 끼워 맞춰보려는 태도를 버리면, '깨어 있는 존재'의 차원이 뚜렷하게 보이게 됩니다.

우리는 우리가 누구인지 모르는 채, 사랑하고 깨어 있는 존재로 살 수도 있습니다. 존재에는 질문도 대답도 없습니다. 질문과 대답은 뇌 전두피질의 영역입니다. 존재는 항상 있지만 그 위치를 지정할 수 없습니다.

긍정적인 생각이든 부정적인 생각이든 생각과 생각 사이의 순간에도, 산책 중이거나 좌정하고 명상 중일 때도, 해먹에 누워 있을 때에도, 꿈인 듯 생시인 듯 비몽사몽일 때에도, 그 어떤 순간이건 그 사이에 난데없이 불쑥, 깊은 앎이 나타납니다.

당신의 삶이 당신이 가야할 곳으로 당신을 부르고 있다는 것을 온 몸의 세포 하나하나가 저절로 알게 됩니다. 그런 앎에서 나오는 행동은 심사숙고하거나 판단하고 결정해서 나온 결과물이 아닙니다. 순수한 시, 철저한 어리석음, 순전한 지혜는 존재라는 광대하고 영원한 구조로부터 용솟음쳐 나온 자연스러운 것입니다.

지금 그런 일이 일어날 수 있습니다. 어깨너머로 뒤를 돌아보거나 다가올 다음 모퉁이 주변을 두리번거리는 것을 멈출 때, 내 앞에 있는, 이전보다 놀랍고 더 활기찬 것들을 있는 그대로 받아들일 수 있게 내버려 둘 때 그렇다는 겁니다.

나는 마침내 현재의 생생함 속에서 살게 되고, 어제의 잃어버린 열정보다 따뜻한 피가 몸속을 흐르고 있음을 알게 됩니다.

루미는 이렇게 말했습니다.

네 영리함을 팔고
혼란을 사거라.

이런 순간에는 까마귀 울음소리, 냉장고 소음, 모든 것을 아우르는 충실한 고요가 있을 뿐입니다. 고요함은 신비한 생명의 비밀 속에서 전부를 포용합니다. 이 생명은 모든 이와 모든 것에 생기를 불어넣고, 흰색 종이에 인쇄된 단어에 영감을 부여하며, 모든 것에 소리와 형태, 색깔, 냄새를 부여합니다.

이제 더 이상 '인식아(認識我·knower)'는 없습니다. 오로지 단 하나의 알아차림(awareness)이라는 무한한 장(場)이 있을 뿐입니다. 그 안에는 질문이나 답이 없으며, 우리가 있는 곳 주변에서 빛나는 존재의 순수한 아름다움과 유연함이 있을 뿐입니다.

우리가 알고 있는 것을 잊어버리면 세상의 유연함과 아름다움을 만날 수 있습니다. 우리는 다시 세상과 조화를 이룰 수 있습니다. 우리는 그 유연한 움직임을 느낄 수 있고, 항상 그 품에 안겨 있다는 친밀감을 신뢰할 수 있습니다.

그 친밀함은 결코 우리를 떠난 적 없고, 앞으로도 결코 떠나지 않을 것입니다. 그러면 삶뿐만 아니라 죽음까지도 완전히 안전하며 걱정할 필요가 없다는 것을 믿게 됩니다.

DROPPING THE STRUGGLE by Roger Housden

Copyright © 2016 by Roger Housden

아등바등 살지 않는 기술

초판 1쇄 발행   2018년 3월 15일

지은이   로저 하우스덴
옮긴이   권혜숙
펴낸이   김태수
디자인   정다희
펴낸곳   엑스오북스
출판등록   2012년 1월 16일(제25100-2012-11호)
주소   경북 김천시 개령면 서부1길 15-24
전화   02-2651-3400

ISBN   978-89-98266-24-0(03190)

잘못 만들어진 책은 구입하신 곳에서 바꾸어 드립니다.
값은 뒤표지에 있습니다.

이 도서의 국립중앙도서관 출판예정도서목록(CIP)은
서지정보유통지원시스템 홈페이지(http://seoji.nl.go.kr)와
국가자료공동목록시스템(http://www.nl.go.kr/kolisnet)에서
이용하실 수 있습니다. (CIP제어번호 : CIP2018005681)